LUCIANO:
UN ÁNGEL EN MI VIDA

LUCIANO:
UN ÁNGEL EN MI VIDA

Leticia Calderón

Diseño de portada: Vivian Cecilia González García
Fotos de portada y contraportada: Eduardo García Rangel
Diseño de interiores: Argelia Ayala

© 2009, Leticia Calderón

Derechos reservados

© 2009, Editorial Planeta Mexicana, S.A. de C.V.
Bajo el sello editorial DIANA M.R.
Avenida Presidente Masarik núm. 111, 2o. piso
Colonia Chapultepec Morales
C.P. 11570 México, D.F.
www.editorialplaneta.com.mx

Primera edición: noviembre de 2009
Primera reimpresión: marzo de 2010
ISBN: 978-607-07-0293-8

Impreso en los talleres de Litográfica Cozuga, S.A. de C.V.
Av. Tlatilco núm. 78, colonia Tlatilco, México, D.F.
Impreso y hecho en México – *Printed and made in Mexico*

Agradecimientos

A MIS PADRES:
Mario y Carmen.
Gracias por darme la vida.
Por su valiosa herencia: los valores.
Por hacer de mí una guerrera,
y enseñarme día a día
el amor que los padres
sienten por sus hijos.

A MIS HERMANOS:
Mario, Miguel y Álex.
Porque han sido mis Amigos,
confidentes y protectores,
así como mi apoyo en todo momento.

A MIS CUÑADAS:
Claudia y Lili.
Gracias por querer a mis hermanos.
Por apoyarme, y por mis sobrinos.

A MIS SOBRINOS:
Miguel, Luis Mario, Andrea,
Fernando, Nicolás y Jehiely.
Porque desde que nacieron
me han dado una gran alegría.
Recuerden: pórtense mal,
y cuídense mucho.

A MIS ABUELITOS:
Enrique y Lili.
Por ser la cabeza de esta gran familia.
Por sus enseñanzas, regaños, cuidados.
Gracias por sus arrugas y sus canas,
que son ejemplo de vida.

A mis tíos, tías, primos, primas,
amigos, amigas.
Y a toda mi otra familia: el público,
por tanto que me han dado.

Gracias Viviana, Mary, Tere,
Esmeralda, Lucy, José Luis.
Por escucharme y ayudarme.
No hubiera podido sola.

Gracias Malena, Lucy, Tere,
Adriana, Matena, Ana, Eli.
Porque sin sus conocimientos,
paciencia y amor,
mi hijo no estaría tan bien.
Aprendí mucho de ustedes.

A Pepe y a su familia quiero agradecerles
su gran ejemplo y motivación.

A JUAN:
Por ser el padre de mis hijos.

A MIS HIJOS:
Luciano y Carlo.
Gracias por haberme elegido como mamá,
y hacer que mi vida tenga sentido.
Gracias a ustedes soy la mujer
más feliz del mundo.
¡Los voy a amar eternamente
…y aún después!

Introducción

La idea de escribir esta obra surgió porque alguien me envió un libro bellísimo y estremecedor. Es una historia similar a la mía, y estoy segura de que también a la de muchas mujeres en la misma situación: el tener un hijo con síndrome de Down. En ella se cuenta la lucha y el gran amor de una madre por su hijo, tomando en cuenta que el protagonista nació en 1963.

Tristemente, me doy cuenta de que hoy en día siguen existiendo algunas situaciones como la ignorancia y el rechazo. Por otro lado, es una fortuna que la medicina haya avanzado tanto, y que actualmente exista más gente que desee comprometerse en ayudar a estas personas o a cualquiera que tenga una lesión cerebral.

La primera intención de escribir era tener una bitácora de lo que he hecho para y por mi hijo, luego pensé en hacer varias copias y compartirlas con mi familia y mi gente más cercana. Finalmente, al ver que se me acercaban muchas mamás para preguntar qué estaba haciendo con mi hijo, adónde lo llevaba, a pedirme un consejo o algún dato de un especialista, fue cuando mi propia familia me animó con esta decisión. Cabe aclarar que mi única intención es compartir contigo la experiencia que he adquirido. Todo lo que he hecho ha sido bajo supervisión profesional, tomando cursos con gente especializada, he leído varios libros, y claro, algunas cosas son de mi cosecha.

Ojalá te sirva, y lo más importante es que te des cuenta de que no estás sola; el tener un hijo con síndrome de Down NO es un castigo sino una BENDICIÓN.

Siempre lo he dicho: Dios les manda hijos especiales a madres especiales.

Cómo, cuándo y dónde empecé a escribir este libro

Estaba en París esperando a que Juan regresara de una audiencia. Ya había desayunado y salí a caminar un poco. Luego comí en un restaurancito de *Champs-Élysées*. Regresé al hotel, me dormí un rato, traté de ver televisión, pero como no entendí nada me aburrí, y preferí bajar a la cafetería por un *café au lait* (café con leche). En mi pésimo inglés pregunté al conserje y al mesero si no habían visto a mi esposo; me contestaron que no, así que le pedí una hoja, una pluma y el tercer *café au lait, s'il vous plaît*, a uno de ellos. En la mesa contigua estaba Liza Minnelli con varias personas, y la verdad no me animé a pedirle un autógrafo (por tonta).

Entonces empecé a escribir este libro. Evidentemente, al recordar a mi hijo Luciano me puse muy nostálgica, y con la borrachera del cuarto *café au lait*, sentimental, así que mientras escribía lloraba y, como nadie me conoce allá, lo hice en forma desinhibida. Los meseros han de haber pensado que estaba escribiendo mi última carta, pobres, ya ni preguntaban, sólo me traían más café acompañado de una sonrisa alentadora. Luego, alguna bobada he de haber escrito, que "el tonto" me agarró y empecé a reírme. Mi papel de víctima se convirtió en el de una desquiciada. Entonces ya no me veían con compasión, sino con lástima. Y yo, más me reía. Imagínate lo que ha de haber pensado Liza, pues de que me vio, te aseguro que me vio.

Cuando llegó Juan, todos los empleados se asomaron, incluso el cocinero, para observar la escena. Al ver que no pasó nada, desconcertados volvieron a sus puestos. Pero cuando de plano no entendieron ni jota, fue cuando Juan comenzó a leer y se puso a llorar; segundos después se rió. Inmediatamente nos trajeron la cuenta.

Ese fue el inicio de *Luciano: un ángel en mi vida.*

Empieza la historia

Desde que tengo uso de razón, siempre soñé con ser mamá.

Cuando empecé a trabajar a los quince años, ahorré dinero para mis hijos, todo lo que hacía era pensando en ellos. Empecé a coleccionar ropa de bebé, mamilas, juguetes, zapatos, etcétera, veinte años antes de que llegara quien los iba a usar.

Así pasaron los años y ese sueño no se cumplía, sólo la angustia, tristeza, desilusión, desesperación y… ¿por qué no?, en algún momento frustración y amargura.

Con el tiempo, medio se asomaba la resignación, pero nunca perdí la fe, yo sabía que ese momento algún día llegaría, ¡y llegó!, casi al año de conocer a Juan. Estaba súper emocionada, no lo podía creer. Desde ese momento me bebí todos los libros que tuvieran que ver con embarazo y bebés.

Pero poco me duró la felicidad. A los casi tres meses tuve un sangrado, y resultó que mi embarazo fue anembriónico. Lloré lo que no te puedes imaginar. Ofelia Guilmáin, con quien estaba haciendo la obra de teatro "Los árboles mueren de pie", fue mi cómplice desde los primeros días del embarazo, ella fue copartícipe de ese sueño que se evaporó, y sufrió mucho por la pérdida.

El día que me hicieron el legrado era domingo, esa fue la primera y única vez que he faltado a mi trabajo, y no porque yo quisiera sino debido a que ni el doctor ni Juan ni mi familia me dejaron ir. Regresé al siguiente jueves, destrozada, fue muy difícil dar función ese día. Al final había una escena donde Ofelia me decía: "Espero que regresen pronto y, cuando tengan un hijo, ¡un hijo!, ¡mi nieto!...". Esa parte ya no la pudo terminar porque estaba llorando. Y cuando dijo: "Muerta por dentro pero de pie como los árboles", me señaló, yo no paraba de llorar. Al cerrarse el telón nos fundimos en un largo abrazo. Lo único que quería era llegar a mi casa para llorar sin que nadie me viera; fue muy triste.

Por supuesto, regresó a mi corazón la desilusión, la idea de que nunca podría ser mamá me despertaba todos los días. Estudios van, estudios vienen, algunos muy dolorosos, sobre todo para el corazón, hasta que un día me descubrieron un tumor en la matriz, y endometriosis. Fui sometida a cirugía, y a los pocos meses...

Juan y yo estábamos en Madrid. Como tenía dudas, me hice unos estudios. Él habló al laboratorio y le dijeron: "¡Felicidades, tío, vas a ser padre!". No lo podíamos creer, nos emocionamos mucho, pero sin lágrimas. ¡Estábamos en *shock*! Cuando regresamos a México me hice otro estudio y el resultado fue el mismo. Las niñas de mis ojos abrieron sus mangueras y... ¡ay, Dios!, ya te podrás imaginar: las cataratas del Niágara eran gotas comparadas con mi llanto.

La etapa del embarazo ha sido una de las más bonitas que he vivido, Juan me consintió a cada minuto. Todos me trataban como reina, podía comer lo que yo quisiera sin preocuparme si engordaba, por el contrario, ¡venga la panza!, ¡viva la panza!

25 semanas de embarazo en Guadalajara.

34 semanas de embarazo en Acapulco.

¡Qué divino y mágico lugar! Todo es calma, el ambiente cálido, con un meneo que me arrulla sin cesar. Hay una paz infinita, puedo sentir el océano mágico fluyendo cerca de mí, y las células acomodándose para establecer cada una de mis características, estoy feliz. Valientemente voy formando mi ser, mi carácter, mientras floto. Lo único que veo es una pared que me cobija y crece junto a mí, duermo y visualizo a una mujer joven que me mira a través de su vientre con una ternura infinita, impaciente, protectora, y cada vez siento más la necesidad de que ella me tome entre sus brazos y me proteja de todo lo malo que pueda suceder.

Toc, toc, ¿quién anda ahí?, jugueteando dentro, creciendo a escondidas pero recordándome todos los días que se expande rápidamente en mi abultado vientre. Aunque hay días que parecen tan lentos. Ya quiero que estés aquí para darte mis brazos y arrullarte cuando tú quieras, besarte, decirte cuánto te deseaba, ponerte toda la ropa que compré pensando en ti, enseñarte tantas cosas. Deseo con toda mi alma conocer a mi compañero de juego, ser niña otra vez, jugar y pasear por las nubes, hacer reír al sol, saltar de estrella en estrella y esperar juntos el amanecer.

¡Ya quiero tenerte entre mis brazos!

¡Me muero por conocerte!

Hoy por la mañana, cuando desperté, me estiré y toqué con el pie la pared. Como estaba medio dormido, me asusté, pero más me espanté cuando escuché un "auch". ¡Hay alguien detrás de la pared! Volví a patear y ahora oigo risas. Parece que los divierten mis movimientos, alguien se acerca a escuchar. ¿Qué esperan? ¿Que les cante? Aun así, los dos están disfrutando el momento. Puedo sentir su amor hacia mí. Ahora sé que no estoy solo, y que nunca lo estaré.

Tenía varios meses de embarazo cuando bailé en la fiesta de cumpleaños de mi papá. En la madrugada tuve un fuerte sangrado. Juan me llevó al hospital; iba muy asustada, no paraba de llorar y rezar. Le pedía a Dios que por favor no me privara de la ilusión de ser mamá. Era tanto el miedo… ya se me había frustrado un embarazo, ¡este no!, ¡por favor, este no! Cuando realizaron el ultrasonido y vieron que mi bebé estaba ahí, presencié un verdadero milagro.

Tuve desprendimiento de placenta y me mandaron reposo absoluto, créanme, ni las pestañas moví. Por fortuna, el susto pasó, el resto de mi embarazo fue maravilloso. Juan y yo estábamos felices esperando la llegada de

nuestro bebé, tan deseado y buscado. Habíamos decidido que si era mujer la llamaríamos Isabela, y si era hombre, Luciano, pues siempre me ha gustado ese nombre.
Juan estuvo de acuerdo.

Mientras ellos se divier-
ten, yo cada vez estoy más
incómodo. ¡Ya no sé ni cómo
acomodarme! Y la pared ya
no crece más, mi cara está
aplastada y realmente estoy
muy molesto. Tengo que
buscar la manera de amol-
darme... ¡Oye!, ¿qué pasa?... alguien abrió la ventana...
¿podrían...?... ¡qué frío! ¿Y esas voces?, ¿quiénes
serán? Tratan de sacarme de aquí... ni lo intentes,
grandulón, si tú me tocas... ¡aaaaaayyyyyy!... ¿qué
hacen?, ¿por qué tanta agresividad? ¡Y qué frío!... Hey,
esperen, creo que esa carita emocionada y llorosa es mi
mamá. ¡Sí!, ¡sí es! Es su calor, su voz, son sus latidos, ¡es
mi mamá!... Está feliz porque le han dicho que soy hombre, ¿en qué lo habrán notado?... Mami, me hubiera
gustado que me conocieras en otras condiciones, más
presentable, más guapo, y no escurriendo vérmix por
todo el cuarto. ¡Oigan, espérense! No la he visto bien,
¿por qué me jalan y me meten tubos por todos lados?...
¡Qué recibimiento, caray!, ¿qué les pasa?... montoneros... Eso de "más presentable y más guapo" era broma.
Además mi mamá dice que así estoy bello.

Bueno, ahora sí, limpio y tapadito (gracias), viene la
presentación: ¡Hola mami! ¡Uf!... ¿por qué llora tanto?,
¿lo habré hecho mal?... No, no creo, porque ella se ve
muy contenta, ríe tanto que parece que ¡se le va a
voltear la cara!... Mi papá la calma, él también sonríe,
pero más bien ¡tiene cara de susto! ¡Flash! La foto.

Como tomé el curso psico-
profiláctico, me puse nerviosa al no oírlo llorar, pues
nos habían dicho que si el
bebé no lloraba al nacer, o lo
hacía de manera débil, era
porque algo andaba mal; mi
hijo sólo se quejaba y trataba
de emitir su llanto. Juan me
dijo que todo estaba bien.

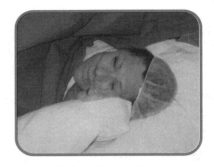

Nacimiento de mi ángel.

Nació a las 4:04 a.m., pesó 3.400 kilos, midió 51
cm, y su Apgar fue 8/9. Nada mal, ¿no? Al verlo expe-
rimenté una emoción que no puedo explicar con palabras. De repente sentí un vacío y cosquillas en el
estómago, algo me faltaba, percibía cómo corría la sangre por todo mi cuerpo, y me comí a Luciano con la mirada. No lo podía creer, me sentía la mujer más feliz del
mundo; muy dentro gritaba: "¡Soy mamá!, ¡soy mamá!".

Cuando desperté vi a mi papá, mi mamá, mi abuelita,
Juan y Álex, que trajo la cámara fotográfica justo a tiempo, pues cuando empecé con las contracciones, corrí al
hospital y olvidé la cámara. (¡Y el dolor!… gracias a mis
respiraciones controlaba muy bien aquellas contracciones que me privaban por segundos. De hecho todo iba
para parto natural pero a la hora del monitoreo vieron
que el bebé presentaba ritmo cardiaco bajo. Aún no lo
acababa de decir el doctor cuando ya me estaban preparando para la cesárea.) Bueno, regresemos a la habitación: cuando entró el doctor y le preguntaron a quién
se parecía Luciano, sin dudarlo señaló a mi mamá. Todos
nos reímos. Él también me dijo que el bebé estaba teniendo unos problemas de adaptación y lo iban a pasar
a terapia intermedia, pero que se encontraba bien.

Para una madre, eso de que "está bien" es una incer-
tidumbre mayor. Más me inquietó. Quería verlo pero no

podía levantarme, además estaba muy sedada. La familia de Juan llegó, mis tías, primas, amigos, flores, regalos, etcétera. Reinaba la alegría aunque yo seguía preocupada.

En la tarde entró el doctor Kably, el neonatólogo Humberto García, otra doctora, y pidieron que se salieran todos. Ella me dijo (hasta entonces me enteré que era genetista): "Señora, su hijo presenta un problema serio en el corazón y varias características de síndrome de Down, aunque no podemos decir en qué nivel está sino hasta hacerle un estudio cromosómico". Por supuesto la noticia fue un *shock*, deseaba que me dijeran "no es cierto, fue una equivocación, una broma". Y sí, me puse a llorar sin entender bien a bien lo que estaba pasando, ni qué significaba exactamente síndrome de Down. Me puse muy triste, a mí me habían dicho que todo estaba perfecto. El estudio del triple marcador salió negativo. ¿Qué pasó? El doctor Kably estaba apenadísimo; el doctor García, muy preocupado por el corazón de mi bebé. Después de que hicieron su mejor esfuerzo para darme la noticia, se fueron y nos dejaron solos.

Juan y yo, en un mar de lágrimas, en un grito ahogado, nos fundimos con un abrazo que decía más que mil palabras. Después, cuando pude hablar, le dije: "Juan, lo quiero, ¡yo quiero a mi hijo!". Y él me contestó: "Yo también". De alguna manera eso me tranquilizó un poco, pues de algún modo, en cuestión de microsegundos, pensé: "¿Y si Juan no lo quiere?, ¿y si no puede con esto?, ¿si lo rechaza?". En fin, es increíble lo que te puede pasar por la cabeza. Por eso, cuando sentí su apoyo y amor hacia nuestro hijo, supe que juntos lo íbamos a sacar adelante. Juan, valiente y amoroso, me volvió a abrazar. ("Gracias").

A partir de entonces, lo único que me importaba era el corazón de Luciano. Juan mandó traer otro doctor para que lo valorara, pero terminamos más confundidos, pues uno decía que teníamos que operarlo del corazón en cuanto pesara 5 kilos, otro decía que hasta el año. Unos, que en Estados Unidos, y otros, que en México. Mientras tanto, yo, sonriéndole a las visitas que no sabían nada, podrás imaginar cómo me sentía.

Juan no parecía frustrado ni defraudado, simplemente estaba muy triste y tenía la necesidad de contarle a todo el mundo lo que pasaba con su hijo. Tiempo después me enteré que un "amigo" suyo le había hecho un comentario muy hiriente: "Collis, te ha ido muy bien en la vida, ya te tocaba este castigo". Si yo lo hubiera tenido enfrente, créeme que le habría partido la cara y algo más (me enfurece sólo recordarlo).

Pobre Juan, tuvo que cargar con todo, recibir a nuestros familiares, amigos, y además, darme ánimos, siempre pendiente, cariñoso, paciente, amoroso, preocupado por mí y por su hijo. Prácticamente cambió su oficina al hospital.

Debo decir que lo admiro y le agradezco enormemente cómo se portó con nosotros pues sé que, por desgracia, no todos los papás de un hijo especial reaccionan de una manera tan hermosa como lo hizo él. Por esto y muchas otras cosas reafirmo las razones por las cuales me enamoré de su persona.

Lo que es increíble es que en pleno siglo XXI no exista nadie capacitado que te guíe adecuadamente, que te informe qué es el síndrome de Down, sus características, sus consecuencias, qué hacer para ayudar a quienes lo padecen, alguien que te oriente y te diga qué doctores debes tener en la agenda a corto y a largo plazo, como el cardiólogo, neurólogo, endocrinólogo, y también qué clase de terapias son buenas para tu hijo. A mí, la genetista me dijo que los niños con este síndrome viven en un mundo de fantasía; otro doctor, que siempre son niños, en fin, nadie te explica bien la situación ni por dónde empezar. Se limitan a darte el resultado del estudio cromosómico y ya. Luego se tiran la pelota: "Yo soy sólo la genetista", "yo soy ginecólogo", "yo, pediatra, y no es mi obligación saber", "yo sólo pasaba por aquí"... y te dan la noticia con unas caras que para nada te ayudan. Desde ahí empieza el miedo, y las dudas.

¿Qué?: Es tan difícil para ellos decir: "Felicidades, señora, tuvo un hijo precioso; tiene síndrome de Down, sólo vamos a hacerle algunos estudios para asegurarnos de que esté bien de salud. Antes de que se vaya a casa con su hermoso bebé le voy a dar una guía que vamos a seguir juntos. Nuevamente, ¡felicidades!".

Ahora, como mamá, te digo –no como doctora– que estos niños son personas muy cariñosas y sensibles, a quienes hay que aceptar y amar. Por supuesto, tienen lesión cerebral, y es importante que vivan dentro de un ambiente familiar positivo, cariñoso, en donde se procure darles una educación especial e integrarlos a la familia, así recibirán todas las oportunidades para pronto llegar a ser independientes y útiles a la sociedad. La situación no es culpa de los cónyuges, pues se trata de una alteración cromosómica.

Alguien me comentaba: "No hay niños discapacitados, son los papás quienes los limitan". "Dale a tu hijo la oportunidad de demostrarte todo lo que es capaz de hacer."

Es normal sentir tristeza, confusión, pero no te lamentes por haber tenido un hijo con síndrome de Down. Da gracias a Dios de que tienes a alguien a quien abrazar. Piensa en todas las mujeres que no cuentan con esa bendición. No te preguntes qué vas a hacer con él, pregúntate qué vas a hacer para ayudarlo.

No engrandezcas el síndrome de Down, engrandece a tu hijo.

Acepta tu responsabilidad con amor y orgullo y no permitas que tu cerebro se confunda con tu corazón. No tengas lástima, ni compasión hacia ti misma o hacia tu hijo, ten calma y no lo subestimes. Ya verás que te va a sorprender.

Es común aceptar a nuestro hijo, pero nos cuesta trabajo aceptar que tenga síndrome de Down. La mayoría pasamos por un duelo, y este se debe a que no llegó el hijo perfecto que esperábamos. Pero te tengo noticias: el hijo perfecto no existe, sin embargo, aquí está el hijo deseado, quien más que tu alumno va a ser tu maestro, él te va a enseñar a ver con el corazón. Tiene su cerebrito mal pero te enseña a pensar, tal vez no camina pero te enseña a llegar. Con un hijo especial se acabó la vergüenza, la pena, el qué dirán, las competencias absurdas a las que nos enfrentan algunas personas pobres de espíritu. Parece que le falta algo, *parece*, pero no, está completo. Tu hijo vino para acabar con tu orgullo, envidia, soberbia, y la recompensa de eso será tener un hijo menos que perfecto que te dará el doble de satisfacciones. Pronto lo verás.

Médicamente, el síndrome de Down es una alteración cromosómica. Normalmente tenemos 46 cromosomas en cada una de nuestras células, 23 de ellos son heredados de la madre y 23 del padre, para hacer un total de 46 o, lo que es lo mismo, 23 pares de cromosomas. La persona con síndrome de Down o trisomía 21 tiene 47 cromosomas en cada una de las células. El cromosoma extra se encuentra en el par 21, por ello el nombre de trisomía 21.

Físicamente, tienen rasgos faciales típicos: cara aplanada, fisura palpebral oblicua, de tipo oriental, orejas pequeñas, exceso de piel en la parte posterior del cuello, que es corto y ancho, presentan hipotonía (falta de tono muscular), por lo cual pueden tener el abdomen abultado, y las hernias umbilicales son frecuentes en ellos. Los dedos de las manos son anchos, gruesos y cortos, el meñique es más pequeño de lo habitual, y el surco transversal de la mano es frecuente (simiano). Al nacer, tienen llanto débil y poca fuerza de succión, así como piel seca. Son de estatura baja, presentan hiperflexibilidad articular, cabello lacio, lengua crecida de tamaño (macroglosia), es frecuente en ellos el estrabismo, sus senos maxilofaciales son pequeños y susceptibles a infectarse. Es común que sufran alteraciones dentales y molares. Asimismo, tienen fertilidad disminuida, sus genitales son hipodesarrollados, es decir que: en el varón es frecuente la criptorquidia o testículo no descendido, y el micropene; en las mujeres, la menarquia es tardía y la menopausia es temprana. También son recurrentes las enfermedades congénitas del corazón. Las cardiopatías más habituales son: comunicación interventricular, canal atrioventricular y tetralogía de Fallot. Las personas con síndrome de Down son propensas a ciertas enfermedades y susceptibles a las infecciones. Tienen un alto grado de tolerancia al dolor.

Cualidades: disposición agradable, bondad, amabilidad, tenacidad, satisfacción fácil, talento musical, gusto por la diversión, lealtad, felicidad por sus logros y un gran corazón.

Infórmense, pidan ayuda, lean, pero también relájense, disfruten cada segundo a su hijo.

Había pasado mucho tiempo y me traían de un lado a otro, conectándome aparatos... veía muchas caras, menos la que yo quería ver. De pronto escuché que iba a venir, quería que me viera guapísimo... aunque dentro de esa burbuja de plástico, con miles de cables conectados y en puro pañal, no creo haber lucido nada bien. Sin embargo, a "ella" no le importó, desde que entró no dejó de sonreír y decirme cosas realmente hermosas, me abrazaba con sus palabras, su ternura y su amor. Yo me sonrojaba y me sentía muy tranquilo con su presencia... y con sus locuras... de inmediato decoró el área donde estábamos, había estampitas por todos lados. Trajo una grabadora... ¡música!... ¡Oh, con lo que a mí me gusta la música! Pero lo que más me fascina son las caricias de su alma. No nos podíamos tocar; en ese momento eran más importantes las sonrisas, los silencios que lo decían todo, y su mirada. ¡Esa es mi mamá! Ahora sé que nunca estaré solo.

Juan decidió bautizar a nuestro hijo en el hospital. Sus padrinos: Juan José, Marisol, y mi compadre (desde pequeños nos llamamos así) Rodolfo, aunque él no estaba en México.

Al principio, me pareció muy extraña tanta premura, pero la verdad, por miedo, no quise cuestionar a Juan, presentí que me estaban ocultando algo, aunque mi corazón insistía en que todo iba a estar bien.

Ahí estábamos, cubiertos hasta los pies, con gorro, tapaboca, bata, etcétera... Por supuesto, lo abracé y lo

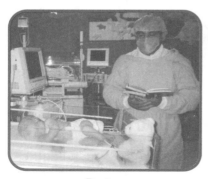

Bautizo.

¡Por fin!

besé, me parecía increíble: lo tenía entre mis brazos, ¡al fin lo cargué!

Lloré hasta que me cansé, y no le quité la mirada ni un solo instante. Lo inspeccioné milímetro a milímetro, escaneé cada partícula de su ser. Fue bautizado con el agua de Lourdes que había traído de uno de mis viajes, y lo único que hacía, tomada de la mano de Juan, era pedirle a Dios que lo curara de su corazón y, por supuesto, le daba las gracias por haberme dado ¡el hijo con el que siempre había soñado! ¡Mi hijo! ¡Mío!

Llegó la genetista con el resultado del estudio, en realidad no me importaba qué grado, nivel o como se diga, de síndrome de Down tenía, pero bueno, ya estaba ahí. Era trisomía 21; síndrome de Down clásico. Como les dije, no cambió nada, lo importante era su corazón.

Una semana estuve ahí, luego en un aparato muy ruidoso. Me llevaron a otro hospital. Mi abuela Carmen iba conmigo, y mis papás atrás.

El nuevo lugar la verdad no me gustó, no me dejaban tener música. Las enfermeras no me trataban con cariño, como que siempre estaban de malas, y a mi mamá ni una silla le ofrecían cuando me iba a ver. Aunque ella se sentía muy malita, me llevaba mi leche dos veces al día. Una vez hasta mi tío Mario entró a verme, de contrabando. Han de haber pensado que era mi papá... por güero.

¡Por fin me lo entregaron! Mi bebé, mío, todo mío. Nos fuimos a la casa: Juan, mi mamá, Luciano y yo. Era tan pequeño, indefenso, hermoso, y tan... blanco que mi prima Gaby me dijo el día que lo conoció: "Prima, ya no lo bañes con cloro".

¡Desde ese día empezó nuestra gran y hermosa aventura!

¡Al fin en casa! Pasamos por el pasillo de las ilusiones que cruza la cochera, luego una puerta labrada a mano que mi mamá compró en San Miguel de Allende hace siete años. Entramos a un pequeño *lobby*, un poco frío para mi gusto, subimos las escaleras de madera: ocho escalones, un descanso, y otros ocho escalones, que mi mamá se sabe de memoria pues ahí practicó con los ojos cerrados cuando hizo la telenovela "Esmeralda". Al final de las escaleras había una imagen bellísima, y yo le dije a mi mamá: "¡A esa señora la conozco! Ella me cuidaba en el cielo y prometió cuidarme en la Tierra". Mi mamá me presentó con ella: "Virgencita de Guadalupe, aquí está mi bebé, ¿no es precioso?". Claro que soy precioso. Ella sonrió y me dijo: "¡Bienvenido! Tu mamá te esperaba con mucho anhelo. Muchas veces vino a pedirme llorando que la bendijera con un niño tan lindo como tú. Por eso hoy está tan feliz.

Bienvenido, Luciano". Le contesté: "Gracias, yo también estoy contento de estar aquí, en este lugar que huele a calor, a hogar". A la derecha de mi amiga estaba San Judas Tadeo, y a la izquierda el Sagrado Corazón de Jesús, también a ellos ya los conocía. "Hola, amigos." Y de ahí, pasamos al lugar más acogedor de la casa, donde me esperaba una cunita azul cielo con nubes y pajaritos blancos, que estaba junto a la cama de mis papás. ¡Hey, qué padre se siente estar en casa y ser el centro de atención! Siempre me pregunté si mi mamá no tenía otra cosa que hacer, porque se la pasaba viéndome todo el día, aunque... también la oía llorar. Yo la abrazaba y, mirando sus ojos verdes, le decía: "Mami, no te preocupes por nada, todo va a estar bien, todo está bien. Ya no llores y abrázame, porque yo vine a este mundo para enseñarle a la gente el milagro que se logra con el cariño y la paciencia. Tú y yo tenemos una misión en esta vida, y ésta nos mantendrá unidos eternamente... y aún después".

Mi tesoro.

... Y no les cuento lo que se siente cuando tu mamá te da de comer... ¡wuuuaauu! ¡Qué momento! Ella y yo... su calor, su olor, su ternura y su... afán porque comiera, pues he de confesar que era bastante flojo. Eso de la succionada me daba una h... flojera, que terminaba quedándome dormido, pero ahí estaba mi mamá como gendarme: "Ándale m'ijito, come mi vida, despiértate flojo, no has terminado, mi amor". Y yo: "Grrrrrr, grrrrr, ¡lo que quiero es dormir!". Bueno, era tan flojo que a veces me daban en jeringa, pero qué bueno que mi mamá insistió. ¡Esa leche es un manjar! Me confieso un sibarita de la vida.

Uno de los momentos "emocionalmente" duros que pasé, fue comunicar la situación de Luciano a mi familia.

Mis papás y Álex ya lo sabían, Mario y Miguel no, o por lo menos fingieron no saberlo. Dentro de lo duro, fue muy bonito, porque el cariño que nos une me ayudó mucho, y si alguna vez existió algún rencor, con esto se borró. Por supuesto, lloramos… lloramos mucho. A veces sólo nos abrazábamos, y en ese abrazo había aceptación, comprensión, y la promesa de ayudar a mi hijo.

Lo único que les pedí fue que nunca hicieran diferencias entre mis sobrinos y Luciano, que me ayudaran a educarlo igual que a sus hijos, que no le tuvieran lástima ni consideraciones sólo porque es un niño especial. Por el contrario, que lo regañaran cuando hubiera que regañarlo y lo corrigieran cuando fuera necesario hacerlo, como a cualquier niño.

Un domingo cité a mis tías en la casa, con el pretexto de conocer al bebé, pues en el hospital no lo pudieron ver. Llegaron mis tíos, mis tías, mi abuelillo, mi compadre Rodolfo. También estaban mis papás, mi abue Lili y Álex.

Estuve practicando cómo se los iba a decir, y me prometí no llorar. Ja, ja, ja. ¿Tú crees que lo logré? ¡Por supuesto que no! Después de la comida, les dije:

—Oigan, quiero decirles algo.

Las risas pararon ante mi cara y, luego de la pausa que hice, comenzó el desconcierto, no podía hablar. Todos me miraban con atención, y yo respiraba más fuerte. Cuando tuve el valor necesario, tomé una bocanada de aire, y dije:

–Prometí no llorar pero me gana la emoción.

–¿Qué pasa, m'ijita?

–¡Luciano tiene síndrome de Down!

Después de un pequeño silencio en el que respetaron mi llanto, todos con lágrimas en los ojos me dijeron:

–¿Y eso qué? Es un niño precioso que tiene una madre maravillosa y no nos queda la menor duda de que lo vas a sacar adelante, con nuestra ayuda y apoyo incondicional.

Tenían que ser mis tías, ¿verdad? Siempre solidarias.

Siempre da un poco de miedo, nunca sabes cómo van a reaccionar los demás, y qué te van a decir, pero yo sabía, dentro de mi corazón, que iba a tener su apoyo y cariño, los cuales siempre he tenido, y se siente muy bonito que te lo recuerden y expresen, sobre todo en esos momentos. Mis primas me llamaron después por teléfono para ofrecerme su apoyo.

Lo mismo quería hacer con la familia de Juan, pero me dijo que prefería decírselos él solo. Te soy sincera: me hubiera gustado estar ahí. La que ya lo sabía era Lucy (mi cuñada), con quien me desahogué en el hospital acerca de mis miedos: no quería que Juan sufriera, sentía culpa, angustia al pensar en el futuro de mi hijo. Me preocupaba lo que Juan estuviera pensando, sintiendo, etcétera. Y ella estaba ahí, dándome ánimo y cariño.

También tocó el turno a mis sobrinos: Miguel, de ocho años, Luis Mario, de seis, Fernando y Andrea, de cuatro, y les dije:

—Mis amores, su primo Luciano tiene síndrome de Down.

Obviamente se me quedaron viendo con cara de "*what?*".

—Su primo tiene síndrome de Down. Eso quiere decir que va a aprender a hacer todo pero más lento. ¿Ustedes me van a ayudar?

—¡Claro que sí, tía Lety! Yo le voy a enseñar inglés.

—Yo los números y los colores.

—Yo le voy a enseñar todas mis muñecas.

—Y yo, a jugar futbol.

¿No son un amor?… Nunca hubo que explicar nada más, lo entendieron perfecto, y cumplieron su palabra. Hasta la fecha le siguen enseñando y sé que así va a ser siempre. Aprovecho estas líneas para agradecer a todos su amor para mi hijo y para mí. ¡Me siento muy afortunada de tener una familia tan maravillosa!

Cuando la noticia fue a dar a la prensa, yo ya estaba más que fuerte, segura de que este angelito llegó adonde tenía que llegar, y repito: ¡SOY LA MAMÁ MÁS FELIZ DEL MUNDO!

He de confesar que sí me conmovió enterarme de que mis hermanos lloraron mucho saliendo de mi casa. Yo supongo que también se preguntaron: "¿Qué pasó?, ¿qué va a pasar?, ¿cómo se sentirá Lety en verdad?". Tal vez… ¡ay, no sé!… reinaba la confusión, la ignorancia, la duda, sentimientos encontrados, tristeza, alegría, tantas emociones.

Yo sé que están contentos porque nací, pero tristes y desconcertados porque no saben bien a bien qué es el síndrome de Down. No importa. Tengo toda la vida para enseñarles que no es tan malo como creen.

Lo que no me gustó fue saber que algunas personas dijeron: "¡Pobre!".

¿Pobre? ¿Por qué? Si tengo el tesoro más grande que existe. ¡Un hijo! ¡Mi hijo! Pobrecitos ellos y ellas, cuánta cobardía e ignorancia. Afortunadamente todavía existen personas buenas que me apoyaron al enviar información, cartas, teléfonos de doctores, instituciones especiales, terapias, anécdotas, libros, pensamientos, cursos, oraciones, etcétera.

Mientras decidía cuál camino seguir, me tomé unos días para pensarlo y así dar tiempo a que Luciano se recuperara de su corazón, pues nació con tres soplos, de los cuales uno de ellos afectaba seriamente los pulmones. Estaba súper blanco, y por todo se ponía cianótico (morado, azul). Pasó mes y medio con oxígeno, y con un oxímetro que le medía el nivel de oxígeno en la sangre. La enfermera a quien contratamos en el hospital lo ponía en el piecito de mi hijo, toda la noche y parte del día.

Unas líneas arriba hablaba de la ignorancia, y qué mayor muestra de ella sino la respuesta del doctor cuando le pedí que hiciera la circuncisión a mi hijo: "¡Ay, por favor!, ¿para qué?... Estos niños no tienen vida sexual".

No te cuento lo que le contesté. Sólo te puedo decir que a la semana le hizo la circuncisión y le quitaron una hernia supraumbilical. Además, ¡claro que pueden tener una vida sexual! ¡Imagínate, con lo cariñosos y amorosos que son! De hecho, es necesario hablar con ellos del tema en su momento. Además, sigo sin entender qué tiene que ver la circuncisión con la vida sexual de la persona. Lo que sí sé es que el cincuenta por ciento de sus espermas nacen muertos; algunos doctores dicen que es el cien por ciento. En fin, cada hijo es diferente, hay que estar muy pendientes de su evolución y, por supuesto, informarnos bien. Existen muchos libros de sexualidad que pueden ayudar; también tu médico de cabecera te orientará.

Otra cosa que me pasó con este mismo doctor fue que llevé a Luciano a su revisión mensual: había engordado 1 kilo y crecido 3 centímetros. Yo, feliz. Se me salía la sonrisa por la ventana. De pronto dijo: "No te hagas ilusiones, estos niños son chaparros y gordos". Estoy segura de que quieres saber el nombre del doctor para hacer lo que yo pensé hacer y no hice. Sigue vivito y coleando… ¡allá él!

Una de las cosas que me mandó la gente fue esta carta:

Los hijos con algún impedimento son un privilegio

¿Alguna vez te has puesto a pensar cómo son escogidas las madres de los niños con algún impedimento físico o mental?

Yo visualizo a Dios recorriendo el mundo, seleccionando instrumentos para la propagación de la raza humana, con mucho cuidado y deliberación.

Mientras Él observa, da instrucciones a sus ángeles para que hagan anotaciones en una inmensa libreta:

Berta López va a tener un hijo, su santo patrón será San Mateo.
Olga Pérez va a tener una hija, su santa patrona será Santa Teresa.
Carmen Macías va a tener cuates, su santo patrón será San Pascual.

Finalmente, le dice otro nombre al ángel y, son-riendo, dulcemente señala:

–Dale un hijo impedido.

El ángel, lleno de curiosidad, le pregunta:

–¿Por qué, Señor, si ella es tan feliz?

–Exactamente –sonríe Dios–, ¿podría yo darle un hijo especial a una madre que no conoce la risa? Eso sería demasiado cruel para el niño.

–Pero, Señor, ¿tiene ella mucha paciencia?

–Yo no quiero que sea demasiado pasiva porque puede hundirse en un mar de autocompasión y deses-peranza. Una vez que pase el primer impacto y se re-cupere, ella sabrá manejar la situación. Yo la estuve observando hoy. Tiene seguridad en sí misma, y per-sonalidad independiente, que son tan raras y necesa-rias en una madre. Como verás, el niño que le voy a dar vive en su propio mundo, ella tiene que lograr ha-cerlo vivir en el mundo real, y eso no va a ser fácil.

–Pero, Señor, pienso que ella a veces se olvida de ti.

–No importa, eso lo puedo arreglar. Teniendo este hijo siempre sabrá que estoy ahí. Esta madre es per-fecta, es un poquito egoísta.

El ángel traga gordo:

–¡¿Egoísmo?! ¿Es eso una virtud?

Dios afirma:

–Si ella no puede separarse ocasionalmente de su niño, no podrá sobrevivir. Sí, he aquí una mujer a quien bendeciré con un hijo menos que perfecto. Ella aún no se da cuenta, pero va a ser envidiada porque nunca una nueva palabra dicha le pasará inadvertida. Nunca un pasito le parecerá común y corriente. Cuando su hijo diga "mamá" por primera vez, estará presenciando un verdadero milagro, que no a cual-quiera le toca presenciar, y que no todas saben valorar. Le permitiré que vea claramente las cosas que yo veo,

ignorancia, crueldad, prejuicios, y le ayudaré a ele-
varse por sobre todo ello. Nunca estará sola. Yo estaré
a su lado cada minuto de cada día de su vida para que
haga el trabajo que le estoy dando, con la seguridad
de que estoy siempre con ella.

—¿Y su santo patrono? —pregunta el ángel.
Dios sonríe:
—Su hijo lo será.

¿Ahora entiendes por qué me siento una mujer especial? Porque Dios me eligió a mí, confía en mí, cree en
mí. Y no le pienso fallar, ni tampoco a mi hijo.

Tengo unos abuelos maravillosos: Mario y Carmen.
Siempre apoyándonos, demostrándonos su valentía y
amor, lo cual sirve mucho a mis papás. Además, me
consienten en todo. Me siento un niño feliz, aunque
sólo tenga mes y medio... eso pensaba rumbo a Acapulco. Mi mamá dice cosas que no entiendo acerca del
mar y de todo lo que vamos a hacer, mientras me da
helado de mango: que si el mar es grande, que la arena
me va a gustar, describe los animales que viven en él,
las olas, asegura que vamos a caminar en la orilla, etcétera.

Hasta que por fin llegamos a casa de mi papá. Los
abuelos se quedaron en el hotel con mi bis, la tía Lulú,
mis tíos Miguel, Claudia, y mis primos Miguel y Fer, a
los cuales fuimos a visitar. En el área de la alberca
hacía un calor insoportable, por eso mis abuelos me
subieron a refrescar a su habitación. Se esmeran en
hacerme feliz con su dulzura y sabiduría, concentra-
dos en caricias y miradas orgullosas de quienes son

los mejores abuelos. Para ellos es lo mismo que tenga síndrome de Down o no. Cuando estoy con ellos, mi única característica es ser su nieto, me respetan y me quieren tal como soy. Cierro los ojos y pienso: "Ojalá que algún día toda la gente me pueda ver así". También tuve oportunidad de saludar a mis tías Claudia, Luisa, Lucy, Julia, Mamá Mía (la abuelita de mi papá), mi abuela Carmen, y mi abuelo Ramón, aunque he de confesar que este último me asusta un poco con la voz de oso que tiene; siempre huele diferente a los demás, mi mamá dice que es porque fuma puro, como buen español.

En Acapulco con la familia.

En Cuernavaca con mi abuelo.

Pasé unos días muy padres, aunque mamá no me dio permiso de asolearme o meterme a la alberca. Eso ocurrió un mes después en Cuernavaca y, ¿adivinen quién me metió? Por supuesto, mi abuelo Mario. ¡Es un niñote!

Para esto, yo ya había redecorado el cuarto de Luciano, le puse colores vivos: rojo, azul, verde, amarillo, animales pintados de muchos colores, un póster de números grandes. Quité los peluches, por el polvo. Eso sí, su grabadora y música de todo tipo, desde Mozart hasta Juan Gabriel. Me parece importante que tenga cultura musical, y no se case con un solo estilo. Obviamente, los discos que más le pongo son los de Barney en inglés y en español, Tatiana, "Cantando aprendo a hablar 1, 2 y 3", "Timbertoy Sing", y los cuatro discos de Trepsi. También le enseño música de otras partes del mundo, como la africana, hindú, tríos, merengue, ópera, instrumental, pop, salsa, clásica, *new age*, rock, etcétera.

Estoy muy chiquito para estar haciendo tanto ejercicio, digo yo. Una señora, Malena, que es terapeuta, me sube a una pelota grande de Pilates, boca arriba. Me toma de la panza y... vamos p'arriba, p'abajo (10 veces); de derecha a izquierda (10 veces); brinquitos (5 veces); en círculo (en dirección de las manecillas del reloj, 5 veces), y luego al lado contrario (5 veces); cuando vamos hacia la derecha, y luego a la izquierda, deja que mi cabeza se mueva para endurecer el cuello. Claro, los movimientos son más bien lentos. Todos estos ejercicios, durante un mes.

Boca arriba.

Boca abajo.

Luego cambian un poco; boca arriba, me sostiene de la panza con su mano izquierda, con la derecha agarra mi tobillo izquierdo y hace los mismos movimientos, sólo que ahora me estira cada extremidad (de 5 a 10 veces cada una); hacia arriba estiro, hacia abajo doblo. Del otro lado, con la mano derecha, toma mi panza, y con la izquierda agarra mi tobillo derecho.

Lo mismo para los brazos. Los movimientos de derecha, izquierda, sin estirar ninguna extremidad. Igual los de círculo hacia un lado (manecillas del reloj) y hacia el otro, 10 veces cada uno... ¡oiga!, pero, ¿qué le pasa?... negrera.

Abajo doblo. Arriba estiro. Abajo doblo. Arriba estiro.

Ya párele, ¿no?... ahí vamos... izquierda... derecha... brinquitos... ¡aaayy, qué bueno que no comí antes, porque la hubiera guacareado toda!... ¿Queeeé?... ¿otra vez?... todo boca abajo... ¡no manches! En esta posición, mi mamá mete los brazos por mi pecho; con sus manos me sostiene la cabeza por la quijada, y me levanta... arriba (voz aguda)... abajooo (voz grave). ¡Qué bárbaras! A ver mamá, tú haz 100 abdominales diarias, bueno, 50... ah, ¿verdad?, si no es tan fácil, sí me canso, lo bueno es que mientras me mueve, me canta, se ríe conmigo, me echa porras y, claro, al final, un gran beso. ¡Bien merecido!, ¿no?

Según la terapeuta, estos movimientos sirven para ubicarme en el espacio (mmmm, ¿qué se fumó?). Bueno, sí son buenos, también para el equilibrio.

Luego vienen los masajes: en un lugar soleado y cómodo, sin corrientes de aire. Primero las piernas, luego los brazos, de 5 a 10 veces cada extremidad. Los siguientes movimientos, con crema o aceite:

1. Como si tuviera una pulsera en el tobillo y quisiéramos deslizarla hacia el muslo, apretando cada vez que subimos la mano.
2. Con los dedos índice y pulgar, hacemos como pellizquitos sin lastimar, en las cuatro caras de la pierna.
3. Como si quisiéramos exprimir la pierna (torcido).
4. Con toda la mano, presionar parte por parte de la pierna.
5. Con los dedos, amasar de abajo hacia arriba, como si la pierna fuera un rodillo, es decir, de un lado a otro.

Siempre desde el tobillo hacia el muslo.

Y, por último, "Libro abierto" (pon tus manos juntas en el centro del estómago y deslízalas hacia fuera, con ligera presión), "Cruzado" (desde el ombligo, en el lado izquierdo, subir tu mano con un poco de presión hacia el hombro derecho, y viceversa). "Corazón" (dibujamos un corazón desde el pecho hacia el abdomen), "Manecillas de reloj" (pon tu mano en su abdomen, gírala lentamente pero con presión en el sentido de las manecillas de reloj hasta llegar al bajo vientre). Nunca hagas este ejercicio en sentido contrario. Hacia la derecha ayudas a masajear los intestinos y, si tu hijo es un poco estreñido como yo, esto lo va a ayudar mucho. Tu terapeuta te puede explicar los ejercicios "Mariposa" y "I love you".

Todos los masajes se deben hacer con el niño boca arriba y boca abajo.

¡Mmmm, me encanta! Me pongo chinito, y todavía, la malvada de mi mamá me habla al oído... ¿se pueden imaginar qué éxtasis?

Mantén altos tu ánimo, buen humor y disposición. Es muy común que empecemos poniéndole todos los kilos, y con el paso del tiempo vayamos aflojando. ¡No bajes la guardia, tú puedes!

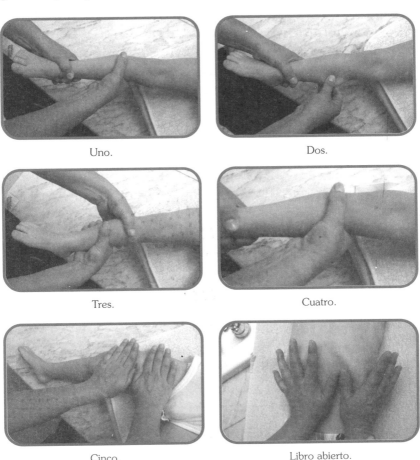

Uno.

Dos.

Tres.

Cuatro.

Cinco.

Libro abierto.

Cruzado.

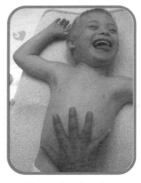

Manecillas de reloj.

Siempre después del baño, porque si los haces antes, con el agua caliente vuelves a aflojar la piel, y lo que tratamos de hacer es darle tono a la masa muscular. El movimiento debe ser de abajo hacia arriba, con aceite o crema, también lo puedes hacer con telas variadas. Asimismo te recomiendo ir acostumbrando poco a poco a tu niño al agua fría.

Lety tips

Yo hice guantes de diferentes texturas, me era más fácil. Uno de cada uno, como satín, toalla, franela, alguna tela plastificada, otra más tiesa, una acolchonada, algodón, etcétera. También masajea sus tobillos, empeine y planta de los pies. Si tiene pie plano, le ayudas.

Estos masajes, además de ayudarnos con su tono muscular, despiertan la sensibilidad de su piel, pues muchos niños no la tienen desarrollada, ni siquiera sienten cosquillas. Las texturas los van a ayudar.

Material de texturas.

Tanto los ejercicios de la pelota, como los masajes para el cuerpo, me los hace mi mamá a mediodía. Los de la cara, prefiere hacérmelos después del baño, en la tarde. Otra cosa que hace es lo siguiente: cuando me enjabona o me unta crema, va diciendo por dónde va, ejemplo: "Este es tu brazo, tu mano, tus dedos, esta es tu pierna, tus pompas, tu espalda, tu panza, etcétera". Me lo dice a diario, en español y en inglés: "This is your arm, your back, your hands". A veces agrega uno nuevo: "tu pecho, tus rodillas, your knee, your eyes". Ay, me quedé en los masajes de la cara: me jala los cachetes (10 veces), desliza su dedo pulgar desde mi quijada hacia el pómulo (10 veces), aprieta alrededor de mis labios con su dedo índice (20 segundos); con su mano toma toda mi cara y desliza sus dedos hacia mi boca (10 veces), y termina cuando me la cierra hasta que parezco pato y aprieta un poco mis labios con sus dedos índice y pulgar (10 veces).

La idea es darle tono muscular a esa área para ayudarlo a que meta la lengua y cierre la boca. Cuando lo haga, motívalo, dile que se ve muy guapo.

Estos masajes me encantan, porque mientras ella masajea me canta canciones románticas de José José, Reyli, Los Panchos, etcétera, que me hacen suspirar, y para finalizar, un gran beso y un abrazo. Otra cosa que me deja hacer, y hasta me festeja, son las trompetillas, dice que son buenas para el lenguaje, así como soplar y tomar con popote.

Cuando me cambia el pañal, me ve a la cara y hace gestos: saca su lengua, la sube, la baja, a un lado, al otro, la mete, la saca, se ve súper chistosa, y yo trato de imitarla.

Juan y yo hablamos con la maestra García Escamilla, presidenta y fundadora de John Langdon Down, para que

Luciano empezara ahí sus clases de estimulación temprana; en mayo, le enseñaron muchas cosas: a sentarse, el patrón de acostado y sentado, las partes del cuerpo, onomatopeyas, texturas, aplaudir, pasar un objeto de una mano a la otra, meter y sacar. Cada dos meses teníamos metas y, por supuesto, mucha tarea, pues yo iba dos veces a la semana pero trabajábamos todos los días en casa.

Las abusivas de mis tías Martha y Maribel me aprisionaron... ¡montoneras!, y entre carcajadas me cortaron el pelo, por más que yo gritaba "¡aaay!" cada vez que me metían las tijeras en el cabello mi tía Martha no me hacía caso, mi tía Maribel me agarraba más fuerte de la cara, y todas se reían, ¡hasta mi mamá! Ese fue mi primer corte de pelo, yo sólo tenía dos meses, pero eso no fue lo peor sino que dicho evento incitó a mi mamá a atreverse a cortarme el cabello ella misma. Por supuesto, la primera vez quedé como perro de Tres Marías. Poco a poco ha ido mejorando, aunque ella jura que me deja perfecto, ¡pobre! Hasta la fecha no me ha llevado a una estética profesional, no sé si por coda o por segura de sí misma. ¿Qué va a pasar el día que vaya a la peluquería?

Primer corte de pelo.

En mayo fui a tomar un curso a Aguascalientes, de los Institutos de Potencial Humano de Filadelfia, el cual se titula: "Qué hacer por su niño con lesión cerebral", del doctor Glenn Doman (libro del mismo título, Editorial Diana, 1993). Era requisito leer el libro primero; el curso duró una semana. Súper interesante. Nos explicaron cómo funciona el cerebro, cómo detectar en qué parte de éste se ubica la lesión, los síntomas, estímulos, y finalmente los resultados. Fue un curso muy emotivo, vi casos bastante duros y problemas realmente severos. Había personas de varios estados de la República Mexicana y de otros países como Puerto Rico, Venezuela, Colombia, Argentina y España.

Cuando mis compañeros se enteraron de que Luciano tenía síndrome de Down, y sólo tres meses de edad, todos me dieron muchos ánimos mientras decían que estaba en el momento perfecto para empezar. En algunos casos, algún joven tenía dieciocho años biológicos, pero doce meses neurológicamente. Una señora tenía una hija de treinta y tres años de edad, pero veinticuatro meses desde el punto de vista neurológico. En fin, nos presentaron un caso en el auditorio, de un niño que estuvo en coma varios años, con lesión cerebral profunda; después de dos años de tratamiento lo vimos gatear y dio dos vueltas en el pasamanos (braqueo). Te podrás imaginar la ovación que le dimos, llenas de lágrimas. Él todavía volteó y nos gritó: "¡Gracias!". Sí, ¡escuchaba y hablaba! En ese momento yo quería abrazar a Luciano, lo extrañaba.

Cuando llegué a mi habitación no pude evitar seguir llorando, pensando en mi hijo y en todas las posibilidades que encontré para ayudarlo.

Aprendí muchas cosas, pero lo primordial es poner al niño en el suelo para que vaya aprendiendo a moverse (arrastre, gateo), si no se mueve es necesario ponerlo en una resbaladilla para que la gravedad le ayude y su cerebro vaya captando el movimiento. Otro ejercicio es: en una sábana sostenida por dos personas, rodarlo de un lado a otro (esto estimula su cerebelo, pues éste ayuda a su equilibrio en primer lugar, luego el oído, y por último la vista).

Un ejercicio súper eficaz es el patrón cruzado: se coloca al niño sobre una mesa de trabajo, boca abajo. Una persona coloca su bracito izquierdo a la altura del glúteo del mismo lado, y al mismo tiempo dobla su pierna izquierda. La segunda persona estira su bracito y su pierna derecha al mismo tiempo. Una tercera persona voltea con ambas manos su cabecita hacia el lado estirado. Al mismo tiempo, las tres personas mueven sus extremidades a la posición contraria, es decir, quien tenía doblados el brazo y la pierna izquierdos, ahora los estira, y quien tenía estirados el brazo y la pierna derechos, ahora los dobla. La cabeza, repito, va viendo hacia el lado estirado. Los movimientos deben ser lentos y rítmicos.

Sería mejor que este ejercicio te lo montara un profesional. El patrón cruzado sirve para la coordinación motora, que los ayuda a gatear y caminar correctamente.

> *Lety tips*
>
> Te recomiendo mucho que mezas a tu hijo en una hamaca, en un columpio, o traerlo en rebozo, porque el movimiento les ayuda al desarrollo neurológico.

Piso.

Patrón cruzado.

Sábana.

También nos explicaron que su cerebro es como una computadora. Para que funcione hay que meterle información, "toda la que sea posible" (bits de inteligencia).

De los cero a los seis años de edad, los niños están capacitados para archivar, entender, captar y memorizar millones de datos, por eso es muy fácil para ellos aprender dos o tres idiomas a la vez. Los pequeños no se confunden mientras nosotros no los confundamos. Lo que está mal es decirles las cosas en pocho, por ejemplo: "¿Quieres *beans?*", "*this is* tu brazo". La clave está en hablarles de manera clara y correcta a nuestros hijos.

Es importante "predicar con el ejemplo", hay que ser coherentes con lo que les pedimos y lo que les enseñamos. Es muy común cometer los siguientes errores, por ejemplo:

La mamá le dice a su hijo: "Mira hijo, un guau guau". O bien: "¿Queles tu eche?".

Y cuando ellos nos dicen: "Mamá, un guau guau". O: "Mamá, quelo mi eche", nosotras, con reproche, les decimos: "¡Eso no es un guau guau, es un **perro**!". "¡Habla bien, carajo, no se dice eche, es **leche**!"… y encima los regañamos porque dicen groserías…

Sin comentarios.

También tenemos el caso del pariente que se quiere ver muy cariñoso con nuestro hijo: "Oda, bebé, ¿cómo ta e ñiño ma monito e mundo? Agugu tata". Si le enseñan a hablar como idiota, por supuesto que va a hablar como tal.

O lo típico: el niño grita: "¡Mamá!"… y tú le contestas: "¿Queeé?". Pero ¡pobre de él si cuando tú lo llamas te contesta: "¿Queeé?". Seguro le vas a decir: "¿Qué te pasa, escuincle majadero, ¿cómo 'queeé'? Se dice: '**Mande**, mamá'". Y mi pregunta es: ¿tú qué le enseñaste?

Otros ejemplos: Tú le dices: "Tiende tu cama", "Pásame la sal", "Ayuda a tu hermano", "Súbete al coche". Luego él te dice: "Mamá, ¿me das un dulce?". Y le respondes: "¡No, no te voy a dar nada hasta que me lo pidas **por favor**, maleducado". O le reprochas: "¡No me gusta que digas mentiras!"… (ring)… "Si es tu abuela, dile que no estoy". ¿Alguna de estas escenas te es familiar? Pues mucho ojo.

Un día presencié esta escena: estaba en casa de una amiga, platicando sobre su hijo de tres años. Éste llegó y la llamó: "Mamá, mamá". Ella seguía charlando. El niño insistió: "Mamá…". Mi amiga seguía en lo suyo, ignorándolo, hasta que volteó y, gritando, le dijo: "¿Qué quieres, no ves que estoy ocupada?". Y el niño le contestó: "Pipí, mamá". Y claro, ya se había hecho. Más tarde, ya era la hora de cenar, y mi amiga lo llamó. A lo que el niño no respondió. Después de tres gritos, el niño vino y, delante de mí, ella le puso una regañiza diciéndole: "¡Cuando yo te hable, vienes **inmediatamente**!"… Y cuando nuestro hijo nos habla, ¿le hacemos caso *inmediatamente*?

Con este ejemplo no pretendo sugerir que dejemos de hacer lo que estamos haciendo para atenderlo de inmediato, pero nada le costaba a mi amiga parar su plática un segundo para escuchar a su hijo, y si no hubiera sido tan importante la razón que él tenía para interrumpir, entonces pudo haberle explicado que estaba ocupada, que en cuanto terminara lo atendería. Y sobre todo no debió reprimirlo con gritos cuando su hijo no atendió *inmediatamente* a su llamado. Los niños aprenden lo que nosotros hacemos de manera consciente o inconsciente.

También tiene que existir congruencia entre la palabra y la emoción. Si los confundimos, obtendremos conductas inadecuadas.

**Palabra adecuada + emoción congruente =
acción de crecimiento.**

**Ejemplo: "¡No vuelvas a agarrar las tijeras!,
¿entendido?" + actitud seria.**

**Palabra adecuada + emoción incongruente =
acción limitante.**

Ejemplo: "Ja, ja, ja, no, mi amor, no agarres las tijeras, chiquito, plis".

Para lograr una acción clara y congruente, debemos tener un pensamiento o una idea clara.

En fin, regresando a lo del curso, también usan un sistema para que el niño aprenda a leer. Tienen niños de tres años leyendo perfectamente. Más que hacer unos niños cerebritos y apartados, fomentan en ellos la cultura de leer, que significa miles de datos (alimento para el cerebro). Con esto logramos tener niños seguros y preparados.

A Luciano le enseñé 400 palabras: 200 en español y 200 en inglés, y le leo muchos cuentos. Para mayor información, te recomiendo leer el libro *Cómo enseñar a leer a su bebé*, de Glenn Doman (Editorial Diana, 1991).

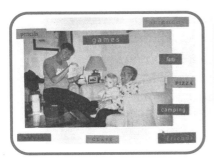  

Como ves, hay mucho que hacer. Más adelante platico acerca de los bits de inteligencia, seguimiento visual, estímulo auditivo y estímulo táctil, así como de la mesa de trabajo. (Ver Anexo A. Págs. 151-154)

"Los niños se incapacitan tanto como sus padres los limitan."

Dicen que mi papá trabaja mucho, pero chequen mi semana: lunes, DEI (Desarrollo y Estimulación Integral); martes y jueves, estimulación temprana en el

John Langdon Down; miércoles, natación; de nuevo martes, terapia con Malena en la casa, también clases de música (que gracias a Dios mi mamá decidió suspender); todos los días, pelota y masajes; sólo descanso los domingos, ¡y agárrate!: ahora que mi mamá llegó de su curso, lo primero que hizo fue ¡ponerme en el piso!... Después de que me abandonó una semana, llegó contentísima, me tomó, me besó y ¡me tiró al suelo! Sí, como lo oyes, bueno, como lo lees: ¡me tiró al suelo!... No, no, no, no te puedes imaginar el sentimiento que me dio. Lloré hasta que la hice sentir mal, ¡pos ésta! Entendí muy bien que había más trabajo, estímulo visual, auditivo, táctil. Pero lo que sí me pareció un abuso fue cuando Lucy, Mary y mi mamá, en un declarado "compló" me agarraron como luchadoras de la triple A, y me hicieron unas llaves muy extrañas (patrón cruzado, página, durante 5 minutos, 3 a 5 veces al día); aunque cantaban, no me hacían muy feliz. Con la que sí me reía un poco era con la canción de Juan Gabriel: "Tú estás siempre en mi mente, pienso en ti, amor, cada instante"... Deberías de escuchar las desafinadas de mi mamá.

¡Ooooh, sorpresa! Luciano tiene cuatro meses de edad, y yo tengo ¡un mes de embarazo! El doctor no supo si regañarme o felicitarme. ¡Yo, feliz!

El que se quedó pasmado con la noticia fue Juan, se lo dije en mi cumpleaños. Le di un regalo que traía un muñeco de bebé, y una tarjeta que decía: "Papi, nos vemos dentro de ocho meses", y Juan, riéndose, me dijo: "¿De veras?, ¿sí?, ¿en serio?", no lo podía creer. Estaba tan sorprendido como yo pero igualmente feliz con la noticia.

Recuerdo que cuando Luciano nació, Juan le dijo al doctor que queríamos tener más hijos, a lo que éste le

contestó que sí era posible pero debíamos esperar mínimo un año, pues la endometriosis por lo general vuelve a aparecer, además de que mi cuerpo necesitaba reponerse de la cesárea de Luciano.

Siempre lo he dicho: Luciano es un regalo que Dios me mandó, y mi segundo bebé es un regalo que Luciano le pidió a Dios.

Ja, ja, ja, hubieras visto la cara de mi papito cuando el abuelo Mario me subió a un caballo gigante color blanco, precioso. Mi papá que es tan cuqui, no sabía si sentía más asco que miedo. Mamá no paraba de reírse. Claro, también estaba nerviosa; yo, feliz, jalándole los pelos. ¡Me lo quiero llevar a mi casa!

En julio, Luciano tenía cinco meses de edad, yo dos meses de embarazo, y me fui sola en avión a Cancún. Pensé que iba a ser muy sencillo, pero qué va. Para empezar, el aeropuerto estaba atascado; Luciano, en su carriola. Me mandaron a pagar los derechos o no sé qué, llegué a abordar y hasta ahí la cosa iba más o menos bien. De repente me veo en la puerta del avión, ¡sola! No había nadie enfrente, y nadie venía detrás de mí. "¿Y ahora qué hago?". Tenía que cerrar la carriola. Iba cargando a Luciano, la pañalera, mi bolsa… decidí poner a mi hijo en la charola donde va el periódico, sosteniéndolo con una pierna. Pañalera y bolsa en el suelo… y a cerrar la carriola rápido, antes de que a Luciano se le ocurriera voltearse. Una vez logrado esto, venía la acomodada en el asiento, así como subir la pañalera, mi bolsa, sacar la mamila, el trapito, todo esto con una mano, pues la otra estaba ocupada cargando a mi bebé. Y nadie se ofreció a ayudarme. En el lugar de al lado estaba un señor que ni siquiera se molestó en quitar la almohadita del asiento, además me miraba como diciendo: "No chin… ¡un bebé!". Gracias a Dios, Luciano se portó bien. Yo pensé que se iba a dormir, pero no, estaba fascinado, sobre todo cuando se me ocurrió pedir un café; el señor se apiadó de mí y amablemente le puso azúcar y crema. Sólo le había dado un trago cuando Luciano ¡lo tiró! Me moría de la pena. Bueno, en realidad no se portó tan bien.

No dudes en pedir ayuda cuando lo necesites, u ofrecerte cuando ves que alguien lo necesita.

Afortunadamente en el aeropuerto nos estaban esperando mi tía Magos, mi tía Silvia, mi mamá y mi papá. Creo que nunca me había dado tanto gusto verlos.

Con el abuelo en Cancún.

Beso eternamente enamorado.

Me encanta estar con mis abuelos, mi tío Álex y mi bis Lili. Siempre van con mami y conmigo a misa, al restaurante, de viaje a Acapulco, etcétera. Pero ahora no veo a mi mamá... no sé qué está pasando... últimamente ella no me carga tanto. Mi abuela la regaña porque sube las escaleras conmigo, ¿pus qué tiene de malo? Duerme mucho y tiene una panzota (quién sabe qué comió); ya no puede hacerme los ejercicios. Eso sí, todas las tardes me subo sobre su panzota a escuchar música, de repente siento que su barriga se mueve y me avienta, como si quisiera quitarme. Mi mamá sólo se ríe, pero finalmente nadie logra interrumpir ese momento entre ella y yo.

Baby Shower del nuevo bebé.

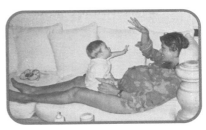

En Acapulco.

Mucha gente me preguntaba si tenía miedo de que este bebé naciera con síndrome de Down. Yo, absolutamente convencida, decía que no, aunque nadie sabía que el examen de triple marcado que me había hecho había salido ¡positivo! Es decir, era muy probable que el nuevo bebé naciera con síndrome de Down; mientras que el estudio de Luciano había salido negativo. El doctor me preguntó si quería hacerme la amniocentesis. Le dije que no. ¿Para qué? También decidí no decírselo a nadie, ni siquiera a Juan. Sólo le pedía a Dios que mi bebé naciera bien de su corazón, para ponerme a trabajar rápido con él. Lo bueno era que ya sabía por dónde empezar y qué hacer y, de cualquier manera, Luciano iba a tener un compañero o compañera.

Mi primera Navidad estuve enfermo de gripe, mi mamá también y, aunque nos sentíamos un poco mal, la pasamos muy bien. Igual el Año Nuevo. Nos tocó del lado de los Collado y fuimos a Acapulco, a la orilla del mar. Hubo fuegos artificiales que me asustaron un poco, y después de algunos mimos de mi mamá, me quedé dormido. Soñé que se acercaba tiernamente a mi oído y me decía: "¡Feliz año 2005, mi amor, te amo!".

Mi primera Navidad, 2004, en México.   Mi primer Año Nuevo, en Acapulco.

El 17 de febrero cumplí ¡un año! Llena de emoción, mi mamá decoró la casa con globos y letreros por todos lados, mis abuelos nos acompañaron, trajeron el pastel y, aunque mi mamá estaba a punto de reventar, no quiso dejar pasar inadvertido mi cumpleaños. Dice que el próximo año sí hay fiesta.

19 de febrero de 2005
Una mañana, mis abuelos me visten guapísimo, me perfuman, me peinan. La verdad iba echando tiros. Después de un largo camino entramos en un cuarto donde estaba mi mamá, ¡con una carita! Quién sabe qué le pasó, parecía que la habían atropellado. Enseguida me sonrió, siempre le da mucho gusto verme...

Hey, esperen... ¿qué es eso que está cerca de mi mamá?... ¡Eso!... ¡Esa bola de grasa!... Se la pasan a mi papá para que mi mamá pueda abrazarme. Por más que ella se portó cariñosa conmigo, yo estaba furioso, todos parecían muy divertidos. Ahora me acercan esa cosa y, tiernamente, mi mamá dice: "Mi amor, te presento a tu hermano"... ¿Mi queeeé?... ¿Mi hermano?... Bueno, sí, mi mamá me decía que iba a tener un hermanito pero no pensé que llegara tan rápido. A decir verdad, pensé que era broma, pero no, ahí estaba, haciendo sus mejores gracias para caer bien. A mí no me iba a embaucar. Por si las dudas, le di un cachetadón, para que supiera quién mandaba. Como todos se rieron, lo seguí haciendo en la casa, aunque ahora ya no le causa ninguna gracia a mi mamá... A ella no, pero a mí sí. ¡Un intruso en casa!

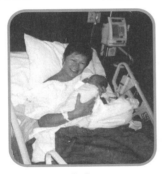

Carlo.

¡Apapáchame!

Familia completa.

Fingiendo ser amable.

¡Qué feliz soy! Tengo a mis dos hijos. Carlo nació el 19 de febrero de 2005, a las 8:52 a.m., muy sano, gracias a Dios. Pesó 3.260 kg, y midió 50 cm. Desde que lloró en la cesárea supe que todo marchaba bien. Luciano estaba celoso, aunque después se calmó. Yo no permití que me viera dándole pecho, sé que suena ridículo pero preferí guardarme ese momento sólo para Carlo y para mí. En cuanto el bebé se dormía me iba a jugar con Luciano, y ya más recuperada seguí con sus terapias en la casa. Mientras eso ocurría, mi mamá lo llevaba a sus clases de natación… ella, que nunca se metía a la alberca porque no sabe nadar, ahora llevándolo a sus clases, ¡mi reina!, ¡lo que es el amor de abuela, y de madre también, pues sé que lo hace por los dos! Hablando de la natación, pienso que es muy importante, pues más allá de un lujo, saber nadar es un seguro de vida, además de que les ayuda a su masa muscular y a la coordinación.

En clase de natación.

El 23 de marzo llevé a mi hermano a Acapulco, y bueno, las cosas parejas: Carlo tenía sólo un mes, así que no dejé que mi mamá lo metiera a la alberca, pero como yo ya era un bebé grande, experto en natación, sí me metí.

Ahí empecé a darme cuenta de que no era tan malo tener un hermano, total, ni lata daba. Además comprobé que mi mamá puede con los dos, bueno, con los tres, porque mi papá también es como un niño chiquito. En fin, la cosa es que mi mamá no ha dejado de jugar conmigo, por el contrario, como mi hermano es un flojo que se la pasa dormido todo el día, pues tenemos mucho tiempo para jugar y escuchar música como antes. Yo, en la panza de mi mamá, y ella, acariciándome mientras canta. Por cierto, ha mejorado, ahora no canta tan mal las rancheras, hasta le aplaudo y toda la cosa, soy buen palero. La pasamos muy bien, sobre todo en esas caminatas por las tardes, en la playa, tomando nieve.

Mamá, papá y Carlo en Acapulco.

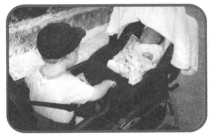

Carlo y yo de paseo.

10 de mayo, París

El escenario no podía ser mejor, aunque sin mis hijos no tenía sentido. Todo el día estuve buscando unos collares de ámbar; me dijeron que eran buenos para aliviar las molestias cuando les salen los dientes a los bebés… Juan, molesto por caminar tanto, y yo más, pues no me había felicitado por el Día de las Madres. Sé que no soy su mamá, pero sí la madre de sus hijos. Fue hasta en la noche, cuando unos amigos me felicitaron y tuvieron el buen tino de preguntar: "¿No extrañas a tus hijos?", bueno… las hormonas me estallaron, y no pude contener las lágrimas. Créanme, no soy así de cursi, pero ese día, ¿por qué no? En París, Día de las Madres, sin mis hijos, sin felicitaciones… ahora que me acuerdo… buuuuú.

Cuando mi mamá regresó de París, nos comía a besos, y más a mí pues llegué a la meta en mis terapias: en sólo dos meses aprendí a desplazarme en arrastre de manera independiente, y hasta con obstáculos, subir y bajar escaleras, pasar un tope, etcétera. También me enseñaron a cambiar de prono a sentado, y viceversa, realizar trazos usando una crayola, tomar objetos con pinza de tres dedos, pasar objetos de una mano a otra, meterlos en un recipiente, ensamblar los de tamaño mediano, apilar tres cubos, meter aros medianos a un pedestal, sin ayuda. Ahora ya reconozco partes de mi cuerpo como la cabeza, los ojos, nariz, boca, brazos, manos, pies, etcétera, también imito las onomatopeyas de perro, vaca, gato, borrego, identifico varias frutas, de plástico o de verdad, y fotos, aplaudo, sobre todo a mí mismo cuando lo hago bien, sostengo mi mamila, aunque eso me costó trabajo pues es más cómodo que la sostenga mi mamá, pero como ahora ella la suelta justo cuando tengo más hambre, mejor la agarro; me deja comer solo, aunque a veces uso la cuchara de proyectil y termino todo embarrado, la cocina bombardeada. Como verás, he avanzado, claro, así trabajo diario, y mi mamá me premia con una efusiva porra. Yo creo que en su otra vida fue porrista: ¡Chiquitibúm a la bim bom bá!

Fui otra vez a Aguascalientes a tomar el segundo curso del Instituto de Potencial Humano, e igualmente estuvo muy interesante. Ahora se basaron más en la nutrición y en un programa para enseñar matemáticas a nuestros hijos.

Es importante decir que cada niño, especial o no, debe tener una alimentación balanceada. Yo, desde hace muchos años, casi no tomo azúcar, cocino sin sal, con muy poco aceite, etcétera. A mis hijos, decidí no darles refrescos ni golosinas, ni comida chatarra, además el dentista me hizo una buena observación: los dulces son como las groserías, mientras no las oigan en casa, no las van a decir. Claro que cuando salgan a la calle, o en la escuela, las van a aprender, pero sabrán que no es correcto decirlas. Lo mismo con los dulces: se darán cuenta de que existen pero no se obsesionarán con almacenar toda la tienda en su tierna pancita, es decir, entenderán que no es bueno comer tantos.

Vale la pena mencionar que los dulces (el azúcar) en general alteran a los niños, y el chocolate ni se diga, estimula el sistema nervioso, por lo tanto, entre menos les demos, mejor; después de las 6 de la tarde, ni se te ocurra, si lo haces, búscate chamba de velador.

Recuerda que los niños con síndrome de Down suelen tener problemas gastrointestinales, de la tiroides, estreñimiento, y además son propensos a la diabetes.

Mamá y papá se fueron a la graduación de mi tío Álex, pero yo me sentía muy mal, tenía caliente el cuerpo, y a la vez mucho frío. Pa' colmo, la méndiga de la enfermera ¡me ponía una toalla mojada, fría!... ¡Aaaay, pero deja que crezca y va a ver cómo le va a ir! Lo bueno es que mis papás me quieren tanto que llegaron luego, luego, y ya mi mamá me apapachó. En pocos días estuve listo para acompañarla a varias entrevistas donde habló muy bonito de mí y de mi hermano, pero la verdad yo era el centro de atención.

Tuve unos días muy agitados, pues metí a Carlo a natación, igual que a Luciano, también fui a unas conferencias que dieron en DEI; estuvieron súper interesantes. Se abordaron temas como "Eliminar premios y castigos", de Vidal Schmill, donde aprendí que no es bueno premiar ni castigar, sino hacer entender a nuestros hijos que toda acción tiene una consecuencia buena o mala, asimismo, es crucial enseñarlos a respetar: sus cosas, su forma de ser, y a pedir perdón, entre muchas cosas más. Otro tema importante fue "Sexualidad", donde aprendí que no hay que ser tan cerrados ni tan mojigatos como antes, finalmente esa era otra época. Entre más natural vean nuestro cuerpo, el del papá, el suyo propio, menos morbosos van a ser. Bañarse con ellos no es malo, tampoco darles un beso en la boca, ellos solos nos van a poner los límites y a decir hasta cuándo. Dejarlos que se bañen entre hermanos, de chiquitos, y tocarse, no es perverso ni malo ni sucio, se están conociendo, sólo tienes que hablar con ellos natural y tranquilamente; recuerda que están explorando todo, hasta su cuerpo.

Si tu hijo te toca y no te gusta, no lo hagas sentir mal, mejor díselo. Cualquier parte del cuerpo es importante y natural. Yo, por ejemplo, le digo *pene* al pene, *vagina* a la vagina, *pecho* al pecho, etcétera, y te recomiendo que no pongas apodos como "eso es tu *pollo*", porque luego le das de comer pollo; "eso que tienes ahí son tus *huevitos*", ¿y qué le das de desayunar, te imaginas la confusión? Yo cuando los baño les digo: "Esta es tu espalda... tu pene, tus rodillas, tus pies", etcétera. Claro que llega un momento en que el niño te pregunta: "Mamá, ¿y tu pene?". Yo le contesto: "No, mi amor, yo no tengo porque soy mujer; yo tengo pecho". Y él dice: "Andote, mamá". Mi respuesta: "¡Claro que es grandote!". Ja, ja, ja, no es cierto. Le digo: "Sí, mi amor, las mujeres tenemos el pecho más grande que los hombres". Y él sigue: "¿Y eto qué es? Le contesto: "Esto se llama pezón, y también tú tienes, sólo que más chiquito, mira".

No tienes que darles una cátedra pero tampoco decirles mentiras ni esquivar el tema. Respeta su pudor: si no quiere darte un beso en la boca, no insistas; si no le gusta que intervengas cuando se esté bañando ni que lo veas vestirse, no lo hagas; y, por favor, nunca entres cuando esté en el W.C. No es agradable para nadie tener invitados ante tal acontecimiento.

Hablando específicamente de nuestros hijos especiales, no podemos prohibirles "el gozo de amar". El hecho de que tengan síndrome de Down no quiere decir que no sientan, que no tengan la capacidad de enamorarse, por el contrario, todos tenemos la necesidad de ser tocados, amados, reconocidos, sentirnos únicos y hacer sentir igual a la otra persona.

Las relaciones amorosas suplen el apego materno o paterno; nuestros hijos tienen derecho a decidir sobre su vida sexual, bajo un conocimiento correcto y amplio, basado en la confianza y la libertad. Enséñales a tomar sus propias decisiones, y aprende tú a respetarlas, que sepan que cuentan contigo. Además, los niños con síndrome de Down tienen características que todos quisiéramos encontrar en nuestra pareja, como lealtad, entrega, aceptación, fidelidad, ternura, y un profundo amor. En fin, también hay muchos libros al respecto.

Otra conferencia a la que asistí fue "El juego como estímulo de vida". Debemos permitirles jugar, explorar, imaginar, ser creativos; por supuesto, si podemos jugar con ellos aunque sea diez minutos diarios, mucho mejor, pero también hay que dejarlos hacerlo solos, todo esto les ayuda en su seguridad, creatividad e independencia.

Asimismo, leí un libro que te recomiendo muchísimo: *Disciplina inteligente*, de Vidal Schmill. Quisiera compartir contigo algunas reflexiones en cuanto a la educación, pues sé que te van a ayudar:

1. Realiza tu trabajo de mamá y papá con menos solemnidad y mayor certeza, pero sobre todo con más sentido del humor. Al hacerlo así, además de agradar a tus hijos y propiciar un mejor clima en la familia, te sentirás más contento y dispuesto.

2. Recuerda que la solemnidad y rigidez son características de la muerte; el sentido del humor y la flexibilidad, son de la vida.

3. No sólo te preocupes de que tus hijos tengan buenas calificaciones; ocúpate de que sean mejores personas. ¿De qué te sirve un individuo que saca 10 pero es un delincuente? Esto se logra con una educación cimentada en principios como el respeto, la responsabilidad y honestidad, por supuesto sin restar importancia a los demás valores.

4. Te "gradúas" como mamá o papá cuando tus hijos "no te necesitan" para tomar decisiones y son capaces de vivir "constructivamente" su propia vida. Lo anterior no quiere decir que dejes de ser mamá o papá, eso lo vas a ser toda la vida, pero tu responsabilidad como tal termina cuando ya no eres indispensable para ellos, ¿o piensas seguir educándolos y castigándolos aún después de que estén casados?

5. Mucha gente inteligente comete estupideces al no modificar acciones que han probado su falta de resultados e insistir en actuar de la misma forma.

6. Equivocarse no lo convierte a uno en estúpido, lo estúpido es permanecer en el error.

Mucha gente me pregunta cómo educo a Luciano, si hago diferencias, si le tengo más consideración por su debilidad, y mi respuesta es NO. Los educo exactamente igual: si regaño a uno por "x" cosa, y el otro lo hace, lo regaño igual. Si le permito "z" a uno, se lo permito al otro. Toma en cuenta que a todos los niños tienes que repetirles las cosas mil veces. A tu hijo especial, mil siete, no más. En este sentido, ten cuidado de no ser aburrido y tedioso, es decir: sí hay que repetirles algunas cosas mil veces durante varios años, pero a nadie le gusta que lo traten como a un tonto, ejemplo: "Fulanito, ponte tu suéter, no vas a salir si no te pones tu suéter, ¿entendiste? Así que ponte tu suéter, ahorita, ponte tu suéter, ¿sí oíste que te pusieras tu suéter?".

¿No te chocaba que tu mamá te repitiera como metralleta la misma cosa? En este caso es mejor captar su atención: míralo a los ojos y dile una sola vez, contundentemente, lo que quieres. Si no, lo único que vas a lograr es que no te haga caso, pues sabe que se lo vas a repetir hasta que él decida hacerlo.

Hay otra cosa que hago y me ha funcionado bien: cuando les doy una instrucción y no me hacen caso, entonces actúo. Ejemplo: "Niños, es hora de dormirse". Dejo pasar un tiempo prudente. Si no obtengo respuesta, apago la luz de su recámara, les doy un beso y me salgo del cuarto. Otro ejemplo: "Niños, en cinco minutos nos vamos". Si no hacen caso, agarro mis cosas, me despido y voy hacia la puerta. Entonces inmediatamente me gritan: "¡Espéranos!". Y les contesto: "Pues apúrense porque ya me voy". En fin, ellos saben que cuando digo algo es en serio.

Yo trato de educarlos con libertad, valores, seguridad, mucha paciencia, pero también con límites, no pretendo que sean niños perfectos pero sí educados; trato de hablar mucho con ellos y explicarles las cosas, el porqué sí y porqué no, y créeme que lo entienden. Me da mucha risa cuando algún adulto dice: "Los niños no entienden", y mucho coraje cuando además asegura: "Sólo entienden a golpes".

Quiero compartir contigo algunas ideas de una conferencia que tomé, llamada "Cómo imponer límites inteligentemente", también de Vidal Schmill.

1. No corrijas según tu estado de ánimo. Es muy común que si estamos de buenas les permitamos

ciertas cosas, en cambio si estamos de malas…

2. Los niños no deben tenernos miedo, pero nosotros a ellos tampoco. Hoy en día es muy común escuchar: "Es que si no lo dejo hacer lo que quiere, me va a odiar", "por más que se lo pido no quiere comer", "no sé qué hacer, no me hace caso"… Te lo dejo de tarea.

3. Cuando tú le dices "no" a tu hijo, le estás enseñando a decir "no" en un futuro. Piensa esto: estás ayudándolo a formar su carácter, a poner límites, a identificar lo que es correcto, de lo incorrecto, sobre todo para la preadolescencia, en la cual existen tantos peligros. Imagínate que tu hijo no sepa decir "no" a una mala influencia.

4. Hay que ser duros con el problema, pero suaves hacia la persona. Existen miles de ejemplos, espero que éste sea gráfico: no es lo mismo decir: "¡No le pegues a tu hermano!", que decir: "¿Qué te pasa, estúpido, estás loco o qué? No le vuelvas a pegar a tu hermano". O cuando accidentalmente tira el café, no es igual decir: "Fulanito, ten más cuidado, ayúdame a limpiar", que: "¡Eres un tonto!, ¿estás ciego, o qué?, ¿por qué no te fijas?, ¿qué haces ahí parado? ¡Limpia!".

5. La consecuencia de su falta de responsabilidad no es el castigo, sino que dé la cara y haga una reparación. Por ejemplo: el niño pintó la pared de tu vecina. La consecuencia no es encerrarlo en su recámara sin ver televisión. La consecuencia correcta es que pida una disculpa y despinte la pared. Ojo, no basta con la disculpa, es necesario que repare la falta.

6. No puedes controlar sus sentimientos, pero sí su comportamiento. Se vale que se enoje, pero no que le pegue a su hermano o rompa el teléfono

sólo porque está molesto y suponga que debemos justificarlo.

7. Puedes empezar a imponer límites, comienza por "no ser su esclava", es decir, no hagas sólo lo que el niño pueda y deba hacer según su edad y condición. Enséñale todos los días a ser más independiente que ayer, ten la confianza de que sí puede, permítele crecer.

8. Por último: no eduques a larga distancia:
   "Fulanito, quítate de la
   estufa porque te puedes
   quemar."
   ¡Párate y quítalo de ahí! O bien,
   "Zutanito, aléjate del perro,
   te va a morder".
   ¡Aléjalo tú!
   "No corras con las tijeras."
   ¡Quítaselas!

¡Ups! Me acabaría todas las hojas hablando de esto, pues como podrás darte cuenta, es un tema que me apasiona. Por eso he leído varios libros y voy a cuanta conferencia me invitan; creo que si se tiene un hijo especial o no, es muy importante saber guiarlo de la mejor manera posible y, si bien no hay escuela para padres, todos estos conceptos me han ayudado a cometer menos errores. Espero que a ti también te sirvan.

¡Lo hice otra vez! En lo que mi mamá lee y toma cursos, yo llegué a mi meta, ahora meto aros pequeños en un pedestal, ensarto cuentas grandes en un cordón, meto objetos chicos en un recipiente con el agujero más estrecho (algo parecido a una alcancía), me esconden cosas debajo de una pañoleta, y las encuentro. Ya sé lo que es arriba, abajo, señalo a las personas u objetos con mi dedo índice, aunque prefiero usar el dedo gordo, pero insisten en que sea con el "dedo mágico", como le dice mi mamá (el índice), interrumpo la actividad al escuchar el "no", jugamos con la pelota: a que me la avientan y luego yo la regreso; estoy aprendiendo a lavarme las manos, y ya como mejor con la cuchara, pero lo que no se me da es la gateada... ¡qué insistencia la de mi mamá con eso! Me pone en cuatro puntos y, ella en la misma posición, se coloca arriba de mí. Cuando me aviento de panza me levanta, bueno, hasta me pone una toalla en la barriga, y con eso me alza, ¡pero qué terca es! No entiende que esa posición no me gusta y, aunque lloro, no me hace caso. Lo bueno es que ella tampoco aguanta dicha postura, pues está lastimada de sus rodillas. Ándele, para que vea lo que se siente. Y después de mucho trabajo, claro que me merezco unas vacaciones, pues he de confesarles que estando de vacaciones no trabajo tanto. Según esto, tienes que hacer las terapias a diario.

Mi mamá le preguntó al doctor: "Oiga, ¿pero no descansamos el fin de semana?". Y le contestó: "¿El fin de semana se le quita el síndrome de Down?"... ¡Seco!... Pero mi mamá prefiere que disfrute; en Acapulco aprovechamos para festejarle su cumpleaños.

El abuelo me cargaba a mí, la abuela a Carlo, y junto con mi bis le cantamos las mañanitas. Ella estaba muy emocionada y terminamos abrazados y jugando luchitas. Claro que también la ayudamos a abrir sus regalos, esa parte me gusta mucho.

¡Feliz cumpleaños, mamá!

Llevaba muchos días sintiéndome muy mal, con un dolor de cabeza insoportable, de verdad sentía que me iba a explotar; estaba mareada, tenía insomnio, cansancio, y pensaba qué duro es esto de levantarse cada tres horas a darle pecho al niño, cambiarlo, siempre en la salita, sin despertar a Juan. Muchas veces sentí ganas de despertarlo para que me ayudara, pero no me animé, prefería que él descansara. Cada vez que bajaba la mirada para ver a mi bebé, se me saltaban las venas, y sentía como si se me saliera la sangre por los ojos. Como Luciano tuvo enfermera, yo sólo me sacaba la leche, se la llevaba a su recámara, le daba un beso y regresaba a dormir. Por supuesto, no decía nada, sentía culpa, me sentía mala madre, hasta que no pude más y le llamé por teléfono al doctor. Me dijo que fuera corriendo a su consultorio, él temía algo peor pero dentro de todo sólo padecía preclampsia posparto, o sea, la presión arterial hasta el cielo, y aunque me dio medicina, el dolor de cabeza no se me quitó sino hasta tres días después. Fue espantoso.

Bueno, luego de tantos días corriendo, por fin llegó el momento del bautizo. En el rancho de Juan, mucha gente, calor, seguridad, nervio. Llegaron los padrinos y la ceremonia comenzó. Mis papás cuidaban a Luciano mientras Juan y yo entramos con Carlo. Se veía tan hermoso con el ropón que le prestó su madrina, con poco pelo, sudando y su carita de que no entendía nada, sus ojotes azules que me decían: "Mami, ¿qué es todo esto?". Súper tierno, y yo ya no pude más cuando escuché la voz de una *mezzosoprano* al entrar a la iglesia; una sensación extraña me hizo vibrar y empecé a llorar como niña chiquita. No sé qué me pasó, de verdad no te puedo explicar, hasta pena me dio y, claro, también estaba preocupada… ¡se me iba a correr el maquillaje!

Lo que más me emocionó fue que el padre le dio la bendición también a Luciano, pues lo habíamos bautizado en el hospital, y siempre lo tomó en cuenta. A mi pequeño Carlo no le gustó nada cuando le echaron agua en la cabeza e hizo un berrinche como sólo él sabe hacerlo. ¡Tenía que ser Calderón! Siempre he dicho que sacó el carácter de mi suegro, de mi papá y mío, ¡pobre! Sí, lo sé, sólo yo lo voy a entender, pero me encanta que sea así.

Bautizándolo.

Familia completa.

Los padrinos.

Después de todo, el bautizo salió muy bien, valieron la pena los dos meses que no pude dormir. Y, ¿qué crees?, esa noche, increíblemente tampoco pude hacerlo: el dolor de cabeza, a todo lo que daba, tenía los ojos chiquitos, y una carita… Seguro que mucha gente pensó: "¡Qué cuete agarró ésta!". Al día siguiente, a abrir los regalos, esa parte le encanta a Luciano. Tú sabes: romper el papel y los moños.

Me he vuelto famoso. Vienen a la casa varias personas para tomarme fotos; lo único malo es que mi hermano también quiere salir y lo tengo que poner en su lugar delante de tan poca gente… ¡no entiende! Y mi mamá, por lo visto, tampoco. A fuerza me lo pone a un lado. No se dan cuenta de que el protagonista ¡soy yo!

Después de varios meses, por fin tenemos la cita con el doctor especializado en síndrome de Down, un neurólogo que nos han dicho que es una maravilla. Él está en Laredo, Texas. La verdad yo estaba muy nerviosa pero el doctor Unruh nos dio mucha confianza al explicarnos lo que él hace, cómo lo hace y qué quiere lograr con estos niños.

Revisó a Luciano y le puso un programa, el cual debíamos hacer durante cuatro meses hasta la próxima cita. Juan y una servidora estábamos muy emocionados, yo respiraba y me decía a mí misma "tranquila, no llores, aguanta", tratando de aparentar mucha fuerza. Sin embargo, Juan, lleno de lágrimas, se animó a preguntarle al doctor: "¿Cómo ve a nuestro hijo?". Y él contestó, sereno pero contundente, que no le gusta comparar a ningún niño, que lo comparaba con sus propios logros, y eso lo veríamos en la próxima cita. Juan insistió y lo cuestionó: "Doctor, ¿qué expectativas tenemos con nuestro hijo?". Y le respondió: "Le voy a responder con una historia: hace muchos años fui a dar una conferencia de síndrome de Down a doctores. Hablaba yo de los avances médicos, terapias, estímulos que existen hoy en día, lo cual nos da esperanzas de tener muchas expectativas con estos niños. Al final, se paró un médico y me dijo: 'Doctor, no nos hagamos tontos, estos niños nunca van a llenar nuestras expectativas'. Yo hice una larga pausa tratando de controlarme para no agarrarlo a golpes [y mira que el doctor es un hombre alto y fuerte, no quiero pensar cómo le hubiera ido al otro]. Después de una larga pausa, le contesté: 'Tiene razón, doctor, estos niños no van a llenar nuestras expectativas, pero déjeme contarle algo: cuando yo nací, mi mamá puso mi fotografía al lado de la de Jesucristo, ella quería que yo fuera como él, ¿usted cree que llené sus expectativas?... Pero gracias a que ella me puso tan alto, llegué hasta donde estoy ahora y por supuesto que no llené ni tantito las expectativas de mi madre, así como estoy seguro de que ¡usted tampoco llenó las de la suya!'".

¡Expectativas!... ¡Ilusión!... ¡Fe!

Obviamente, me puse a llorar, ya no pude contener las lágrimas, me emocionó encontrar a un profesional que pensara como yo y que estuviera comprometido con ayudar a mi hijo preparándolo para un mejor futuro; por supuesto que yo creo en mi hijo y tengo muchas expectativas hacia él porque también creo en mí y sé que haciendo un gran equipo, los especialistas, mi hijo y yo, vamos a lograr llegar muy alto. ¿Qué tan alto? No sé, pero mi meta hoy en día es llevar a mis hijos hasta la luna. Ah, por cierto, le regalé la luna a mi hijo Carlo, y el sol a Luciano. Ellos me regalaron las estrellas.

Lety tips
Aquí te comparto algunos consejos que nos dio el doctor: para empezar, le quitó la leche de vaca y sus derivados, pues me dio más de treinta razones científicas y médicas por las cuales ésta no es muy buena, ya que produce moco, infecciones, contiene muchas hormonas femeninas, sangre y hasta pus. Suena lógico: cuando tenemos gripe, nosotros o nuestros hijos, lo primero que nos quitan es la leche, igualmente si padecemos diarrea. El doctor sugiere que después de la leche materna, les demos jugos naturales, agua o leche de soya. En vez de helados hechos con leche, es mejor darles nieve y productos orgánicos, si se puede. No chocolates, azúcar, ni productos con gluten. Tampoco caseína ni comida chatarra. Sí una buena alimentación, vitamina C y multivitaminas. También omega 3 y omega 6; la dosis cambia según la edad y el peso de cada niño. Pregúntale a tu doctor.

Asimismo te recomiendo hacerle un ecocardiograma cada año a tu hijo, o cada vez que lo indique su cardiólogo, igualmente el perfil tiroideo el primer año, cada 6 meses, y después cada año o como te lo explique el endocrinólogo. Es importante hacerle una revisión de sus ojos con el oculista. Y antes de que le salgan los dientes, es muy bueno ir con el dentista, él te va a ir guiando para que siempre tenga una buena dentadura. Acuérdate que en nuestros hijos ésta es una parte muy importante, por lo de su lengua, para que coman bien y hablen mejor.

Cuando cumpla un año de edad es recomendable hacerle un examen auditivo con el foniatra, el audiólogo o el otorrinolaringólogo. Es importante que estés segura de que tu hijo escucha bien. A los dos años es bueno hacerle un estudio del cuello, el doctor te dará las especificaciones.

Todos estos tips y exámenes los debe llevar su pediatra o un neuropediatra. También te dirán cuándo es recomendable darle terapias de inteligencia, ocupacionales o de lenguaje, y cuál es el momento adecuado para meterlo a la escuela.

Yo empecé los masajes cuando Luciano tenía tres meses de edad; no pude iniciarlos antes porque nació con tres soplos en el corazón y el cardiólogo no autorizaba ningún tipo de esfuerzo. Cuando tomaba su leche, sudaba como si le hubiera ganado a Ana Gabriela Guevara en los 400 metros, o se ponía cianótico. Una vez que superó esto, empezamos la estimulación temprana, natación, y luego la terapia del doctor Unruh. Desde entonces no he parado, excepto cuando ha estado enfermo.

Oye, mi hermano ¡sí que tiene un carácter! Según mi papá, igual al de mi mamá. Y ella dice que igual a mi papá. No sé. La cosa es que ¡cómo grita y se enoja! Quiere su leche en ese preciso momento. Si mi mamá se tarda dos segundos, se pone como loco, ya no la acepta, llora, patalea (yo no era así, la verdad), y ahí tienes a mi mamá con toda la paciencia del mundo tratando de calmarlo. Yo ya le hubiera dado tres nalgadas.

Carlo es serio, serio, serio. Pregúntenle a mi tío Miguel, que por más gracias que le hace no le saca una sonrisa, al contrario, mi hermano lo mira como diciendo: "¿Ya terminaste?". Así que me di a la tarea de darle un curso intensivo de sonrisas, y la verdad aprendió rápido. Lo que también logró muy pronto fue pararse y caminar; yo, al verlo, pude soltarme de la mesa. Cerca del año y medio ya podía pararme solo, pero la verdad tenía mucho miedo, así que me tiraba

Mis primeros pasos.

al suelo, pues suponía que desde ahí dolían menos las caídas. Fue en Miami cuando Carlo, ¡de once meses de edad!, empezó a caminar. Este muchacho ya quiere volar.

Así pasamos las fiestas: Navidad en México y Año Nuevo en un restaurante de Miami con mis abuelos Mario, Carmen, los tíos Miguel, Claudia, y mis primos Miguel y Fernando.

Mi papá llegó el mero día porque tenía que trabajar, mientras nosotros paseamos e hicimos travesuras, como manchar la sala blanca, abrir y cerrar todos los cajones, sacar la tierra de las macetas, aventar todo, sólo por mencionar algunas. Ya cuando llegó papá nos tuvimos que portar bien. A la que hay que detener es a mi mamá: en la cena nos dio un chorrito de champaña y, ya entrados en gastos, mi hermano le quitó una costilla de cordero que se devoró como un vulgar caníbal. Yo me dediqué a bailar y a coquetear con las gringuitas. Mi mamá, celosísima. Ji, ji. ¡Feliz 2006!

Navidad.

Año Nuevo.

La foniatra hizo el examen de audición a Luciano, del cual salió muy bien, gracias a Dios, entonces empezó sus clases de lenguaje con ella. Además decidí que cada semana íbamos a trabajar varios temas, todo el día, por ejemplo:

Una semana trabajaba la palabra hola; fruta: plátano; forma: círculo; animal: chango; ruido del chango: uuu-aaa; color: amarillo, más sus diez palabras de lectura del sistema Doman: frutas.

A la semana siguiente cambiaba todas las palabras: adiós, manzana, cuadrado, perro, ruido que hace el perro: guau, guau, rojo, etcétera. Trataba de mencionarlas cuantas veces fuera posible y relacionarlas con la cotidianidad, por ejemplo: "mira, tu pantalón es rojo; la ventana es cuadrada; mmm, qué rica manzana, es roja; dile adiós al perro". Pide a las personas que convivan con tu hijo que hagan lo mismo, te aseguro que una semana es suficiente. Y por favor, no le hagas examen, te prometo que lo entendió y aprendió. En fin, es cuestión de dedicación, imaginación y creatividad. Estoy segura de que tú tendrás mejores ideas.

Ponte metas en lo referente a tu hijo, a corto y a largo plazo. Por ejemplo: a corto plazo, un programa semanal; a largo plazo, enseñarle mínimo 200 palabras de lectura. Si realmente sigues el programa deberías enseñarle más de 480 palabras; en un año 400 bits de inteligencia, etcétera. Para este trabajo pídele ayuda a tus hermanos, amigas o a alguien que desee ayudarte. Si no lo logras, no te frustres ni desanimes, continúa trabajando; si lo consigues, ¡felicidades! Sigue con otros objetivos, y cuando tu hijo sea más grande, enséñalo a que él establezca sus propias metas, con o sin tu ayuda.

"Rodéate de gente positiva, la negativa sólo te quitará el tiempo."

Lety tips

También tomé un curso de primeros auxilios que me dio mucha confianza, sobre todo para no ser una mamá aprensiva y miedosa y, por supuesto, saber cómo reaccionar ante cualquier situación peligrosa: Nunca dejes las ventanas abiertas, sobre todo si vives en un edificio. No dejes tijeras ni cuchillos al alcance de los niños. Coloca las medicinas donde no las puedan agarrar, igual que todos los productos tóxicos, como los de limpieza. No permitas que se acerquen a la estufa, esté o no encendida. ¡Y prohibido jugar con velas o cerillos!

Otro consejo que me dio una amiga es: antes de meter al niño a maternal, tú enséñale maternal, venden los cuadernos en cualquier librería. Cuando vaya en primero de primaria, dale lecciones de segundo. Como podrás imaginar, le compré varios cuadernos a Luciano, en los que trabajamos colores, formas, pintura digital o con gelatina, hacer bolitas con papel, los opuestos, artículos de uso cotidiano, dibujar círculos, rayas, ubicar arriba, abajo, etcétera. Espero que cuando Luciano vaya a maternal, ponga en práctica lo que le hemos enseñado.

No, no, no, ¡mi mamá se rayó! Para festejar nuestro cumpleaños, desde hace tiempo empezó a guardar las latas de leche para hacer unas alcancías llenas de dulces, las forró de foami y las adornó con un león, una cebra y un elefante. Ya al final pidió a José Luis, a Lucy y a las enfermeras ayudarle a hacer las orejas, la carita del león, el pelo de la cebra, etcétera. Hasta les puso pasto y toda la cosa. A las niñas les hizo pulseritas.

Mi hermano cumplió un año y yo dos. El salón de fiestas estaba padrísimo, también el *show* del Rey León, dos piñatas (un león y un elefante), aunque eso, la verdad, no lo disfruté. Me asusta mucho cómo los niños le pegan a mi león, con un sadismo que no se pueden imaginar, deberían de verles la cara, yo no sé a quién se imaginan que le están dando de palazos, y todavía los adultos se ríen, cantan y hasta les aplauden su acto criminal. Para acabar, cuando por fin la rompen, todos se avientan con cara de pocos amigos a agarrar la mayor cantidad de dulces posible. ¿No sería mejor que los repartieran? Porque de verdad ahí sale el ins-

tinto salvaje que todos traemos dentro; si no lo crees, fíjate cuando un niño quiere agarrar un dulce que está cerca de otro niño: le gruñe como rottweiler y su mirada es de "sólo atrévete y vas a ver cómo te va", si no es que cínicamente lo avienta diciéndole: "¡Ese chocolate es mío!", y yo me pregunto dónde dice su nombre. Lo bueno es que los adultos no hacen eso para comer. Ellos, bien formaditos, muertos de hambre, pacientemente esperan a que les sirvan sus tacos. También hubo pastel, gelatina, etcétera. Pero lo que me dejó con la boca abierta fue que llegaron a mi fiesta Winnie Pooh, ¡y Barney! No lo podía creer, la verdad la pasamos muy bien.

Hubo más de cien invitados, recuerdo que mi mamá estaba angustiada porque llegaba y llegaba gente, sacaban y sacaban mesas y sillas. Pero a pesar de todo, el festejo salió muy bien. Lo que no entiendo es por qué mi mamá terminó tan cansada. Ya está viejita.

El 25 de febrero fuimos a la segunda visita con el doctor Unruh, y nos fue muy bien; vio mucho mejor a Luciano, aunque no quiere gatear. Bueno, es una pelea. Le pongo una almohada debajo de su barriga, lo levanto con una sábana o toalla doblada en su pancita, y lo empujo para que gatee pero no quiere, obviamente le mandaron varios ejercicios para fomentar el gateo. El cambio más notorio es que ya dice "¡papá!". Podrás imaginarte a Juan, no paraba de restregármelo en la cara a cada minuto, ¡es un pesado!

La nueva terapia es:

1. Vibrar sus labios con tus dedos, para darle tono al área de la boca y hacerlo que meta la lengua, mientras le levantas la barbilla por 30 segundos.
2. Golpeteo alrededor de los labios, 30 segundos.

3. Alentarlo para que se ponga en puntitas (tratando de alcanzar su leche o algún juguete).

4. Susurrar en cada uno de sus oídos por 30 segundos (puedes cantarle, contarle un cuento o platicarle algo).

5. Cepillarle la lengua por 30 segundos (usar un cepillo de dientes suave).

6. Rodarlo lento, durante 1 minuto.

7. Cepillarle las manos, y alentarlo a levantar objetos en pinza, 30 segundos cada mano (yo lo hice con una alcancía y botones grandes de plástico).

8. Mecerlo en un columpio, durante 2 minutos.

9. Por último, con un cotonete, dale tantita azúcar, y dile: "Es azúcar… dulce"; después de un ratito dale sal, y coméntale: "Está salada"; para finalizar, deja caer unas gotitas de limón en la parte trasera de su lengua, y menciona: "Es limón… agrio". Esto, aparte de ayudarlo a conocer los sabores, sensibiliza toda la cavidad de su boca, además lo obliga a mover la lengua.

Oye, tengo que platicarte algo: mi abuelo Mario hizo su examen de maestría, el cual, por supuesto, aprobó. Con esta ya lleva dos maestrías. ¡Me siento muy orgulloso de él! Así como él algún día estará orgulloso de mí.

Mi abuelo Mario.

Y tengo que confesarte otra cosa: la gran ilusión de mi mamá es graduarse algún día, obtener un título universitario. Dice que se va a recibir conmigo. Pero mami, si para mí tienes tantos títulos, empezando con el de arquitectura, pues siempre estás construyendo nuestras vidas, con unos cimientos fuertes –los valores y la educa-

ción–; como vigas y paredes estableces límites, reglas, luego agregas una mezcla de ternura, paciencia,
tolerancia y amor, esta construcción tiene algo de
romanticismo, un aire antiguo y moderno, es decir,
estilo Leticia Calderón; título de doctora, pues con
sólo mirarme sabes si me siento mal, la mejor medicina son tus cuidados y tu preocupación; título de
nutrióloga pues siempre estás pendiente de lo que
comemos, equilibrando en el desayuno, comida y cena
los nutrientes que debemos consumir a diario, como
las proteínas, los carbohidratos, vitaminas, calcio, mi-
nerales, leguminosas, frutas y verduras; título de
abogada, pues no conozco a nadie que defienda mejor
los derechos de sus hijos que las madres, y como tú
no hay dos, litigar contra ti debe ser una pesadilla, ja,
ja; título de psicóloga, pues tratas todo el tiempo de
comprender lo que me pasa y hacerme entender lo
que sucede alrededor; título de administrador y con-
tador, pues aunque nos das gusto en casi todo, cuidas
el dinero y lo administras para que nunca nos falte
nada; además de ser nuestro chofer, cocinera, agen-
te de seguridad, animadora, enfermera, diseñadora
de modas, costurera, ingeniera para armar y arreglar
los juguetes, actriz, y la mejor maestra que tengo,
pues no existe nadie que me enseñe lo que tú me enseñas, con tal paciencia y dedicación que hasta olvidas que las noches son para dormir cuando se trata
de leer un libro o hacer el material necesario para
mis terapias... ¿quieres más títulos?... Aunque sé que
con lo obstinada y terca que eres, lo vas a lograr, y
como yo soy igual a ti, ¡claro que lo lograremos!

Y para empezar a picar piedra, mi hermano y yo ya
nos pusimos a trabajar. En abril hicimos un comercial
para anunciar una leche en polvo... aaahh, pero no
vayas a creer que fue tan fácil, no, no, no, el contrato

tuvo que incluir ciertas especificaciones para que pudiéramos aceptar. Obvio, estuvimos asesorados por "nuestro abogado", que ahí humildemente es uno de los mejores de México y además no nos cobró nada. Creo que le caemos bien, o ¿será porque es nuestro papá? A la que le fue mal fue a mi mamá, trabajó desde las 7:00 de la mañana hasta las 9:00 de la noche, y ni siquiera le dieron tiempo de comer. Sin embargo, nosotros llegamos a las 10:00 y terminamos a las 11:30 a.m. sólo porque a mi hermano se le ocurrió hacer un pancho; lo más chistoso es que todos le decían a mi mamá: "Déjalo, dale tiempo para que se relaje". Y ella, histérica, decía: "¿Relajarse de qué? ¡Vamos a trabajar!". Lo bueno es que Carlo fue condescendiente con ella y pudimos seguir.

Alimentación

Lety tips   En la medida que un cuerpo recibe lo que necesita, buscará por sí solo estar sano y en equilibrio. Por eso, es preciso informarte a través de libros o de un especialista en nutrición cuál es la dieta mejor balanceada que podemos llevar; toma en cuenta que no es lo mismo alimentarse que nutrirse. Checa el plato del buen comer (ver pág. 160), te sorprenderá saber que en realidad puedes comer casi de todo. El secreto está en balancearlo según la edad y la actividad de cada persona. No es igual la dieta de un niño que la de un adulto, ni la de alguien que hace ejercicio a la de una persona sedentaria. Los niños queman más calorías, pero no por eso debemos permitirles ingerir comida chatarra. Siempre debemos añadir frutas y verduras en el menú, aunque a nosotros no nos gusten.

Es muy común dar a nuestros hijos sólo lo que nos gusta, así que posiblemente les esté faltando algo. Conozco personas que no comen verduras y, por lógica, no las dan tampoco a sus hijos. Tal vez para ti sea difícil cambiar este hábito, pero no cometas dicho error con tus niños. Todos los alimentos son importantes. También sé que es muy difícil para ellos aceptar las verduras, por eso te doy algunos consejos que me han funcionado:

1. Ralla una zanahoria o una calabaza en la sopa de fideo. Si de plano no le gusta, licua la verdura con el caldillo de tomate.
2. Empaniza la carne o el pollo con amaranto. Puedes mezclar pan molido con amaranto.
3. Agrega espinaca al arroz: licua la espinaca previamente cocida, cuélala y agrégala al arroz con un poco de agua. También puedes hacer esto con el cilantro o cuitlacoche.
4. Cuece un filete de pescado, desmenúzalo y haz croquetas con él.
5. Crema de verduras: puedes hacer mil combinaciones, como espinaca con calabaza; zanahoria con chayote; espinaca, berro y calabaza; papa, zanahoria y chayote; brócoli con calabaza, etcétera.
6. Crema de pollo y apio con agua: cuece una pechuga de pollo, cuando esté casi lista agrégale 4 o 5 tallos de apio. Licua el pollo y los apios con esa misma agua. En una olla aparte, pon el contenido con un poco más de agua y condimenta.
7. A los *hot cakes* agrégales nuez o almendra molida.

En fin, puedes experimentar con todo lo que se te ocurra para nutrir a tus hijos.

También son buenos alimentos la crema de frijol, la sopa de lentejas, el arroz con frijoles, con huevo, con elote, o con verduras (estilo japonés), así como las pastas: espagueti, lasaña o ravioles.

Trata de consumir tortillas de maíz, sustituye el pan blanco por integral. Procura no hacer tanta comida que se tenga que freír, no cuezas mucho tiempo las verduras pues pierden sus propiedades. Evita utilizar demasiado aceite, y el que sobre no lo tires al lavabo o al W.C., guárdalo en una botella de vidrio para que pueda ser reciclado y no contamine el drenaje. Sustituye el azúcar blanca por morena o fructosa. Consume embutidos sólo dos veces a la semana. No es bueno comer huevo a diario.

Estos últimos tips me los dio una nutrióloga, y me atrevo a compartirlos contigo pues creo que son universales. Otra doctora me dijo que desde que nacemos nuestro cuerpo está diseñado para pedir de comer cada 3 o 4 horas. Con el tiempo nos van quitando las comidas, pero el hambre no. Y suena lógico: si desayunas a las 8 de la mañana, a las 11 ya tienes hambre; comes a las 2 o 3 y a las 6 de la tarde tienes antojo de algo; por último, cenas a las 9 de la noche. Ella aconseja que cuando tu cuerpo te pida de comer, le des, puede ser un bocadillo como un taco de queso panela, un taco de aguacate, jugo, una manzana, una pera, un plátano, una barrita, jícama, pepino, 4 o 5 galletas con atún, 2 rebanadas de jamón, una barra de amaranto, nueces, almendras, palomitas, un elote, etcétera.

Ese consejo es para grandes y chicos. Lo importante es no dejar pasar ninguna comida. Y que no te importe lo que digan, pues nunca sobra el comentario de una "buena amiga" que te dice: "¿Vas a volver a comer? No manches, si comimos hace apenas tres horas. Amiga, tienes problemas". Recuerda también que los niños comen menos pues el tamaño de su estómago es más pequeño.

"Es más importante la calidad que la cantidad."

Yo, por mi parte, planeo el menú de la semana días antes. Así voy al súper sólo por lo que necesito, no compro de más y evito que se me eche a perder la comida.

Otra cosa que se me ocurrió para facilitar el "qué voy a hacer de comer hoy" es: lunes, pollo; martes, pasta; miércoles, carne; jueves, vegetariano o algún guisado con mucha verdura; viernes, pescado; sábado y domingo, lo que sobre o lo que se me antoje. Así, mi único dilema es cómo hago el pollo: en consomé, empanizado, en brochetas, relleno con espinaca, con una salsita, en tinga o con nopales.

No olvides que la hora de la comida NO es para discutir ni para convertir el comedor en un campo de batalla donde lo único que se acumula es el rencor. Este momento debe ser agradable, un rato para convivir con la familia, para platicar, para unir.

Sé que a nuestros hijos especiales les cuesta mucho trabajo masticar, pero también es cierto que se vuelven mañosos. Por eso, es importante que les des de comer de todo, que se acostumbren a las diferentes texturas; yo lo supe tarde, ¡y vieras cómo batallo para que Luciano pruebe algo nuevo! Tuve que tomar medidas drásticas: como no quería masticar pollo o carne, sino sólo Cheerios, chicharrón, chocolate, decidí darle el pollo bien picadito; si no se lo comía a la hora de la comida se lo daba en la cena, y si no lo cenaba, se lo volvía a dar en el desayuno. Eso sí, entre comidas nada. Y ¿sabes?, afortunadamente se lo cenó. ¿No que no masticaba? Lo que te recomiendo mucho es que le quites a tu hijo la sal, el azúcar y la grasa, por lo menos en lo posible; dale pocas galletas y pan, tú sabes que nuestros hijos son propensos a la diabetes, sin embargo, si los enseñamos a dominar la cantidad de azúcar, va a ser mucho mejor para su futuro. No te digo que nunca le des un dulce o un chocolate a tu niño, pero si lo acostumbras a ingerir menos cantidad de azúcar, él se va a acostumbrar. Recuerda que por su hipotonía suelen ser "gorditos", aunque hoy en día he visto muchos chicos delgados gracias a la buena alimentación y el ejercicio.

Un consejo más que te doy es darle leche de soya y al año despedirte de la mamila; haz que aprenda a tomar de un vaso, eso es bueno para la coordinación motriz, controlará más rápido su lengua. Cuando se termine su leche, a lavarse los dientes. Este hábito le enseña a ser independiente, seguro, y a tener una dentadura sin caries.

También hay muchos tips para que nuestro hijo mueva la lengua, como:

- Ponerle cajeta, Nutella o mermelada en la orilla de los labios superiores para que él trate de agarrarla con la lengua y así la mueva hacia arriba. Igualmente en las comisuras de la boca para que menee la lengua de un lado a otro.
- Con una paleta pequeña o un abatelenguas, métele la lengua empujándola hacia abajo mientras le dices: "Métela".
- Darle masajes alrededor de los labios, como presionando cada uno, y luego los dos, cerrándole la boca (boca de pececito), en fin, asesórate con una terapista.

10 de mayo, Día de las Madres, y por eso la abrazamos, la besamos y pasamos todo el día con ella. ¡Te queremos, mamá!

Estaba dormido tan rico, cuando llegó mi abuela y me llevó con ella… pero abuela, ¿adónde vamos tan temprano? No conozco este lugar ni conozco a nadie, ¡quiero ir a mi casa a desayunar! De repente, mucho ruido, se abre una puerta y un gentío gritando y aplaudiendo. Yo me preguntaba ¿qué es esto? ¿Dónde estoy? Hasta que vi a mi mamá que venía hacia mí; le di los brazos para que me sacara de ahí... y que se pone a llorar. Créanme que no entendí nada; en vez de salir corriendo, nos sentamos a platicar. Mi intuición y una larga carrera en la farándula me decían que estábamos en un programa, y que mientras no terminara la entrevista no nos podíamos ir. El tiempo se hizo eterno, y a mi tío Álex, más, ya que estaba crudísimo. Iba llegando del antro cuando mi abuela le dijo "acompáñame". ¿Sabes el gusto que le dio? Sólo ver a Maribel Guardia con su minifalda lo mantuvo despierto, y a mí también.

Cuando tenía tres o cuatro meses de embarazo de Luciano, discutí con Juan porque me dijo: "En cuanto nazca el bebé, tu perro Jack se va". Y yo: "¿Quueeeeé?". No te hago el cuento más largo. Después de varias horas logré convencerlo de que mi rottweiler se quedaba, o por lo menos fingió estar convencido. La cosa es que a la semana se murió mi perro.

Desde entonces, yo tenía ganas de otro, y al ver que a mis hijos les llamaban tanto la atención los perros que tienen mis vecinos, pues más, pero Juan no quería, ya que no le gustan los animales.

Una tarde, les puse a mis hijos un casete VHS que estaba nuevecito, el cual compré hace años, sobre perros y gatos, de Walt Disney. En él salen diferentes razas, de pronto aparecieron unos labradores, ayudando a varias personas con capacidades diferentes, como invidentes, y en especial a un niño en silla de ruedas, que padecía una enfermedad en los huesos. Era muy tierna la escena; en ese momento me animé y pensé que era una señal, pues además ese día en la mañana, casualmente, me metí a una tienda de mascotas y vi una labrador. Así que fui a comprar a la perra color chocolate. Por supuesto, le puse Hershey, mi mamá fue mi cómplice. No les quiero contar la cara que pusieron mis hijos.

Luciano no se cansaba de seguirla en su torpe gateada, y pensé que había hecho la mejor compra de mi vida. Pero venía la parte difícil: darle la noticia a Juan.

Al día siguiente le enseñé la sorpresa, misma que no le encantó. Para convencerlo de quedarnos con ella le mostré el video, y con lágrimas en los ojos me dijo: "¿Cuándo empieza esta *cosa* su entrenamiento?".

¡Bingo! Lo había logrado, aunque poco me duró el gusto. Al día siguiente, jugando, la perra rasguñó a Carlo en la cara. Como comprenderás, escondí al niño, pues si Juan lo veía, seguro me mataba. El jardín se convirtió en un campo de minas, olía a pipí un kilómetro a la redonda; la perra rompió las macetas y sacó las plantas, se comió todo lo que se encontró en el camino. Prácticamente mi jardín desapareció. Bueno, ni los pajaritos se querían acercar, además era tan juguetona que tiraba y espantaba a los niños. Yo quería asesinarla, pero mi orgullo hizo que la aguantara durante seis meses; un día ya no pude más y me vi obligada a reconocer que había cometido el error más grande de mi vida. Terminé regalándola, y el deseo de tener un perro desapareció.

En casa de los abuelos.

Carlo con la cara rasguñada, ¡ups!

Uno de los momentos más emotivos que he vivido fue cuando llevé a mis hijos a ver el show de Barney, al teatro. De verdad, la emoción, sobre todo de Luciano, era enternecedora. Al verlo salir, sus ojos parecían reflectores, y su sonrisa, una hamaca. Yo, por supuesto, me puse a llorar, pero no deseaba hacerlo, pues no quería perderme cada gesto de Carlo y de Luciano. Con decirles que no pidieron nada de comer ni de beber; no parpadeaban ni dejaban de aplaudir y cantar.

Al final, me hicieron el favor de dejarnos pasar a los camerinos para que mis hijos se tomaran la foto… ¡no, no, no!… Me acuerdo y me vuelvo a emocionar: Luciano y Carlo no podían creer que tenían a Barney, B. J. y Baby Bop tan cerca, esperándolos con los brazos abiertos. Yo, ridículamente no dejaba de llorar, y los personajes sin poder hablar, pero seguro querían gritarme: "Señora, ¡apúrese a tomar la foto, que queremos descansar!". Fueron muy amables, y yo, como mamá, les agradezco muchísimo ese momento. Nunca lo voy a olvidar. Sobre todo, las caritas de mis hijos.

Con Barney en su camerino.

En junio asistí a unas conferencias muy buenas que daban por parte de DEI; hubo una en particular que me encantó: "Rivalidad entre hermanos". Ahí nos aconsejaron varias cosas, entre ellas:

- Nunca comparar a tus hijos: "Mira a tu hermano…"; "tu hermana sí…"; "aprende de tu hermano", etcétera.

- No etiquetarlo: "Qué torpe eres"; "él es el 'menor' o 'mayor' de mis hijos"; "eres un zonzo"; "éste es el más aplicado de mis hijos"; él es el más 'travieso' o 'desobediente'", en fin, y mucho menos delante de ellos.
- Sí resaltar sus cualidades, sin compararlo. Me acuerdo que un día, una tía le dijo a Luciano: "Mira Luciano, tu hermano ya camina, ¿tú cuándo vas a caminar?". Yo la corregí con el mismo cariño y amor que ella trata a mis hijos, diciéndole: "Mira Luciano, cómo camina tu hermano. Tú también vas a caminar así". Tal vez pienses que es una tontería, pero créeme que no. Puedes comentar una habilidad de alguno de tus hijos, sin embargo, siempre alienta al otro, y/o resalta alguna cualidad suya.
- Nunca meterse a defender a alguno de los hijos si no vimos por qué o quién empezó la pelea, es decir, no tomar partido. Siempre vamos a quedar mal y a lastimar a uno de ellos, que bien podría ser la víctima.
- Siempre creerle y darle su lugar y razón a cada quien.
- Enseñarles a respetar las cosas de cada quien, y cómo es cada cual.
- Yo, en lo particular, les he enseñado a pedirse "perdón" cuando es una acción a propósito, es decir, con alevosía y ventaja, y a ofrecer una disculpa cuando se trata de una acción accidental.
- Dejar que un fin de semana un niño escoja adónde ir a comer, y al otro fin de semana, el otro. No importa quién sea el mayor o quién sea el "chiquito". Eso es darle su lugar a cada quien.
- Nunca hacer diferencias. "Él sí porque es hombre; tú no porque eres mujer."
- Querer a cada quien con sus virtudes y "defectos".
- Hacerles saber que aunque se hayan portado mal, o

no hayan sacado 10, para ti siguen siendo importantes, y que estás segura de que pueden mejorar. Eso es mejor que el regaño, el castigo, la indiferencia o la comparación.

- "Haz sentir a cada uno especial, único."

Otro curso que tomé fue "Formando el carácter de tu hijo". La psicóloga nos dijo que esta generación es la del dedito: para cambiar el canal o para la computadora; ella los ve como el moco gigante de King Kong, aplatanados en un sillón sin mover más que un dedo. Cuando antes todo era negociación, "te ganabas las cosas"; si te sacabas buenas calificaciones, en consecuencia te podían comprar algo; pero si eras grosero, te quitaban el derecho de salir, etcétera. En fin, hacíamos "un gran esfuerzo" por ganarnos las cosas; yo creo que así es como se disfrutan y se valoran más. Hoy en día los niños te exigen, no mueven un dedo, todo se los tienes que dar tú, y a muchos padres les da terror exigir algo a sus hijos: no se vayan a enojar, o a traumar.

La psicóloga aconseja que desde que son chiquitos les demos confianza otorgándoles "responsabilidades", como: levantar sus platos, poner la ropa sucia en el cesto, recoger sus juguetes, hacer solos la tarea, limpiar lo que se les cayó, tender su cama, en fin, hay muchos ejemplos y, por supuesto, depende de la edad y condición del niño. Yo recuerdo algo muy bonito que me dijo mi papá luego de quejarme porque mi mamá me ponía a lavar los trastes, a ayudarle a hacer las tareas de la casa, como cocinar, etcétera: "Hija, es importante que aprendas a hacer las cosas por ti misma, eso el día de mañana te va a dar libertad, y recuerda que hasta para ordenar debes saber hacer bien las cosas".

Tal vez en el momento no lo entendí lo suficiente, pero ya no me quejé más, y hasta me motivó a aprender a hacer más cosas, como lavar el coche, revisarle el aceite, cambiar una llanta, pintar las paredes, usar el taladro, etcétera. Ahora comprendo que tenía razón: libertad es no depender de nadie; y se siente tan bien saber hacer las cosas, aunque tengas ayuda.

Otra de las cosas que dijo la conferencista fue que es importante poner límites, nuestros hijos lo piden a gritos, y es muy sano dárselos. El ejemplo que dio es bueno: un pececito que está solo necesita una pecera cómoda y segura, pero ¿qué pasa si a ese mismo animalito lo dejas en el océano? Primero, no va a saber qué hacer, se va a paralizar, y segundo, va a sentir miedo.

Además, pa' colmo, a nuestros hijos con síndrome de Down no les gusta equivocarse, ni que les digas que no. Eso lo aprendí en una conferencia sobre el síndrome de Down. Por lo tanto, tenemos tarea doble, pero no es nada del otro mundo.

Un consejo que te doy es que cambies las frases negativas por positivas, ejemplo: En lugar de decirle: "No comas con la boca abierta", dile: "Come con la boca cerrada"; y en vez de ordenarle: "¡Cierra la boca!", mejor dile: "Te ves muy guapo con la boca cerrada". Recuerda que al ponerle límites y enseñarle que hay reglas tanto en la casa como en la calle, vas formando parte de su personalidad, un futuro más agradable, hombres o mujeres más seguros, y mejores seres humanos.

Hay que respetar su temperamento, conocer bien su personalidad y sólo ir guiándolos (suena fácil). Sin embargo, es importante establecer límites. Sé que es un tema delicado pero ponte de acuerdo con tu pareja y decidan qué es importante. Por ejemplo, yo hablé con Juan y le expresé el deseo de que mis hijos sean hombres de bien, con valores, no creo en los golpes pero sí en las correcciones. Le comenté que no quiero niños maleducados ni groseros, ni flojos (quiero que me ayuden en la casa), y le pedí que cualquier corrección o decisión que yo tomara me la respetara delante de ellos; ya en privado tendríamos oportunidad de discutirlo. En fin, cada pareja tiene sus reglas.

Un día estábamos en un restaurante Luciano, Juan y yo, y el niño empezó a escupir. Le dije que no lo hiciera, sin embargo lo volvió a hacer, para la tercera vez que lo hizo le di una palmada en los labios. Ni lloró, pero sí dejó de hacerlo. Juan, muy enojado, me dijo que no le pegara al niño, a lo cual le contesté: "No le pegué fuerte... por ahora, pero si vuelve a escupir sí lo voy a hacer". Porque la gente se le queda viendo y posiblemente digan: "¡Ay, pobrecito! Escupe porque tiene síndrome de Down". Y no, no es esa la razón, lo hace por grosero. Y eso es precisamente lo que no quiero, que lleguen a rechazarlo, no porque tenga síndrome de Down, sino porque un niño grosero no es bienvenido en ningún lugar. La gente acepta a una persona con capacidades diferentes, pero no a un individuo grosero y maleducado, y si a eso le agregamos que tiene síndrome de Down, ¡imagínate, más señalado será!

Al día siguiente Juan "me acusó" con el doctor Unruh, pero el médico lo regañó y le dijo que yo estaba en lo correcto (recuerda que el doctor es muy exigente), que si dejábamos que Luciano nos tomara la medida, íbamos a crear un monstruo, y el único que iba a pagar las consecuencias era el niño. Enseguida, el doctor le preguntó a Juan: "¿Quién le hace las terapias?". Juan contestó: "Ella". Y el doctor: "¿Quién está todo el día con él?". Juan: "Ella". Así que el doctor le dijo: "Pues entonces usted dedíquese a trabajar y deje que la señora eduque a su hijo, que esa es su responsabilidad". Y aunque dentro de mí le daba las gracias, no estoy cien por ciento de acuerdo con el doctor; creo que tal responsabilidad es de los dos, porque no lo tuve yo sola. Es verdad que yo paso más tiempo con los niños, pero el padre tiene todo el derecho y la autoridad para educar, simplemente debemos ponernos de acuerdo; el hecho de que tu pareja te contradiga, o tenerlo sólo de cuerpo presente, es lo peor que te puede pasar. Hay que hablar y negociar cada punto. También entiendo que toda persona, mamá y papá, tiene diferentes puntos de vista, distinta educación, y otros objetivos. Sin embargo, por lo menos en este tema (la educación de los hijos) tiene que ser más o menos la misma, por el bien de ellos.

Otra cosa que decidí fue respetar el estado de ánimo de nuestros hijos, por ejemplo: si amanecen demasiado excitados, o tienen sueño o hambre, o están hartos o se sienten mal, o si simplemente están de mal humor, trato de hablar con ellos diciéndoles por qué creo que están así, y les digo que no importa. Los sigo amando igual y les doy la opción de estar solos o conmigo, aunque estén enojados, tristes, frustrados. Si hay un tercero en la escena, le explico la situación y le pido comprensión, pero sobre todo respeto para mi hijo. Si nosotros tenemos derecho a estar tristes o enojados, ellos también. Repito, lo único que no permito es una grosería. He aquí un ejemplo: "Amor, entiendo que estés de malas, pero ni yo ni nadie tiene la culpa. Puedes estar enojado, ¡claro que se vale!, pero no te voy a permitir gritarme ni pegarme, y tampoco a otras personas, ¿entendiste? Puedes quedarte conmigo o irte a tu recámara; cuando se te pase, aquí te espero para darte un fuerte abrazo". Muchos se podrán reír, pero créanme, funciona, ¡el niño entiende perfectamente! Se siente comprendido cuando le decimos que respetamos su sentir, y se siente seguro al ponerle límites.

Siguiendo con el tema de los límites, esto es algo que "sólo la pareja" tiene que pactar, es decir, no los abuelitos, ni los tíos ni las amigas, etcétera. **Sólo la pareja** debe ponerse de acuerdo en cuáles van a ser los límites, dónde ser estrictos y dónde ser flexibles. Por ejemplo: tú y tu pareja podrán decidir si comen en la cama de vez en cuando o nunca, si van a tener horario de comer y dormir, si saludan forzosamente de beso a toda la familia o basta con un saludo verbal, si se vale que de vez en cuando coman con las manos o brincar en la cama, si los van a dejar comer dulces antes de tomar los alimentos, etcétera. **Sólo ustedes**, porque nunca falta el abuelo, la suegra, el tío, la cuñada o hasta el amigo que quiere caer bien y ganarse a los niños "consintiéndolos", y pasan sobre tu autoridad.

Una vez presencié una escena que se me quedó muy grabada: fuimos a casa de un amigo, su hijo llegó con su esposa y su bebé de año y medio. La nuera le dio el bebé a la suegra y le dijo: "Por favor, no le vaya a dar nada de comer porque ya le toca, y si le damos algo ahorita, después ya no se come su comida, es más, voy por su papilla". En cuanto se fue, la señora le dio una galleta a su nieto. Su hijo le dijo suavemente: "No, mamá", a lo que ella le contestó: "No pasa nada, no seas payaso". El bebé, lógicamente, ya se estaba terminando la galleta cuando llegó la nuera. Se molestó mucho, y le quitó al bebé de los brazos mientras le decía: "Suegra, le pedí que no le diera nada. ¿Qué no me oyó?", luego volteó con su esposo y le dijo: "¿Y tú, no dijiste nada? Es el colmo que no me apoyes", y salió. Enseguida de ella se retiró el marido regañado, pero sintiéndose culpable. Por supuesto, en cuanto se fueron, el comentario de la señora y de algunas otras personas fue: "¡Qué payasa, qué exagerada, ni que le hubiera dado veneno! ¡Cómo la aguanta tu hijo así! ¡Qué mandilón! Seguro lo tiene embrujado", etcétera. Yo me quedé callada, pues de alguna manera le di la razón a ella, tal vez no en la forma pero sí en el fondo. Si ellos como pareja han decidido no darle nada antes de comer, **todos** tienen que respetarlo. Perdón, pero sea quien sea. Así que también les aconsejo que hablen con las familias de ambos y, cortésmente, les pidan que respeten lo que ustedes ya decidieron.

He aquí otro ejemplo: una mamá primeriza; su esposo y ella pasan por los suegros para ir a comer. El suegro agarra al bebé de meses y se sube en el asiento del copiloto. La nuera le dice: "Señor, ¿me permite a mi hijo? Por seguridad lo voy a poner en su sillita". Y el suegro responde: "No, aquí me lo voy a llevar; cuando mis hijos estaban chiquitos no existían las sillitas y nunca pasó nada". La nuera insiste: "Mire, lo pongo en su sillita, y si usted gusta, puede irse junto a él". En eso llega el papá del niño. El señor, muy molesto, pone al tanto a su hijo, a lo que éste reacciona en contra de su mujer. Por supuesto, ella se siente humillada y dolida. Ya te podrás imaginar la discusión que tuvieron al llegar a su casa, además del reproche que él le hizo a su mujer por haber estado tan seria durante la comida, "sin razón".

Yo, en lo particular, les permito muchas cosas, incluso **travesuras**, pero nunca groserías hacia nadie: no pegar bajo ninguna circunstancia, ni de juego, obviamente nada peligroso, como agarrar un cuchillo o acercarse a la estufa, tampoco les permito no ir sentados en su sillita del coche, ni los dejo asomarse por las ventanas, no pueden jalar ningún cable, ni empujarse. Si al despedirse de la gente no quieren dar beso, se los respeto, pero sí deben decir "hola", "adiós", "por favor" y "gracias". Si no quieren prestar su juguete preferido, lo comprendo, pero sí compartimos los demás juguetes. En mi recámara nos divertimos con "almohadazos", pero no permito que los juguetes o la ropa se queden tirados. Tampoco jugamos a la hora de bañarnos, ni dejo que se insulten. A veces les doy permiso de comer viendo la televisión. Cuando me piden algo haciendo berrinche, por supuesto que no se los doy. Si quieren un helado a medio día, se los compro.

En fin, repito, los límites sólo los ponen la mamá y el papá. Por otro lado, hay parejas que creen que este tema no es importante y terminan discutiendo por todo, maleducando a sus hijos, además provocan rivalidades entre la pareja y los hijos, por eso hay que sentarse a platicar antes de que ocurra algo, a fin de no decidirlo en el momento, sobre todo no delante de la gente o de los mismos niños.

Típico, la mamá pide a sus hijos:

–Niños, no brinquen en la cama.

Y el papá:

–Déjalos, ¿qué tiene de malo?

O bien, la mamá les dice:

–No quiero que tomen refrescos.

Llega la cuñada, y les da.

Luego tu hijo le hace una grosería a tu sobrino; llega tu hermana y te dice:

–No lo regañes, no importa.

Le estás dando de comer a tu hijo, pero él no quiere, entonces tu mamá dice:

–Ay, no seas mala, que no coma si no quiere.

O al revés, no lo obligas a comer y tu papá te dice:

–No lo consientas, que se coma todo o no se levanta de la mesa.

¿Te suenan conocidas esas escenas? Pídele a la gente cercana que te ayude (es por el bien del niño), que aunque no estén de acuerdo, te respeten. Después de todo, son tus hijos, ¿no?

Otro consejo que te doy es que si tú lo regañaste por algo, no dejes que nadie se acerque a consolarlo. Hizo algo mal y tiene que meditarlo. Los demás tienen que apoyarte para que el niño vea que no lo haces por ogro ni por mala ni por loca; luego de llamarle la atención regresa con él a darle un beso o abrazarlo. Así entenderá que lo sigues queriendo, aunque no estuvo bien lo que hizo. Porque no falta la o el vivo que quiere quedar como el bueno del cuento: "Ella regaña, yo te abrazo". Igualmente si el papá corrige, tú tienes que quedarte callada y respetar y apoyar la corrección de tu esposo. Si no estás de acuerdo, en privado le dices cómo te gustaría que manejara la situación.

Lo único que te voy a pedir, por favor, es que no les pegues por todo a tus hijos, pues de ese modo nunca van a diferenciar lo incorrecto de lo peligroso, y además pierden la confianza en ti. Más que respeto van a tenerte miedo, y personalmente creo que así no funcionan bien las cosas.

Los psicólogos dicen que sólo está permitido pegarles "cuando atentan contra su vida o la de los demás". Ejemplo: cruzar la calle sin fijarse, correr con unas tijeras en la mano, meterse cosas pequeñas a la boca, tratar de abrir la puerta del coche cuando va andando, empujar a otro niño, sacar medio cuerpo por la ventana del coche, jugar con cerillos, etcétera.

No humilles ni amenaces a tu niño. Ejemplo: si no quiere saludar o hacer una gracia, no le digas: "¡Ay!, déjalo, es un payaso, sangrón, no le hables" o "vete a tu recámara castigado por payaso, y pídeme algo, ¿eh?". Si no quiere comer, no lo amedrentes: "Vas a crecer feo, flaco, y así nadie te va a querer". Si no se quiere bañar, no le digas: "¡Ay, huácala! Quítate de aquí, cerdito, hueles horrible, ni te me acerques que me das asco". ¿A ti te gustaría que te trataran así?... Y lo más triste es que aunque no lo creas, existen muchos papás que todavía hacen esto.

Con esos mensajes, su autoestima baja y, lo creas o no, lo vas convirtiendo en un niño inseguro, desconfiado y rencoroso.

La autoestima es la clave del éxito o fracaso de cualquier persona; el niño que la tiene elevada posee más probabilidades de triunfar en la vida. La autoestima constituye los cimientos que forman nuestra personalidad, es la base de la estructura del yo; NO se construye con sobreprotección, ni con abandono, tampoco significa arrogancia, narcisismo o autoglorificación, ni es lo mismo que ser voluntarioso, soberbio o egocéntrico. La autoestima significa cuánto me quiero, cuánto me valoro, cómo soy y me acepto quien soy.

Quiero platicarte algo que me pasó: Carlo pintó con un plumón ¡rojo! mi colcha ¡blanca!, y la alfombra ¡beige! Cuando lo vi, me dieron ganas de darle cien nalgadas, pero me contuve, aunque sí, acepto que gritando le pregunté:

—¿Quién pintó la colcha? ¿Quieeeén?

—Yo mami… (punto a su favor pues me dijo la verdad).

—¿Por qué lo hiciste? ¡Sabes perfectamente que eso está mal! ¡Te he dicho mil veces que sólo se pinta en las hojas! ¿Por qué lo hiciste? ¿Por queeeeé?

Y mirándome a los ojos como el gatito de Shrek, levantó los hombros… (no sabía). Cuántas veces nosotros también hacemos o decimos cosas sin saber por qué. Luego le dije:

—Salte de mi recámara, estoy muy enojada.

Agachó su cabecita, metió las pompis y se fue a su habitación.

Mi mamá, sin ninguna mala intención, me dijo:

—Lety, yo creo que debiste haberle dado una nalgada.

Y mi pregunta es: ¿crees que no lo entendió? ¿Hubiera entendido la lección si le hubiese dado las cien nalgadas que tenía ganas de darle?... A los quince minutos salió de su cuarto y me dio un beso, y con una servilleta trató de desmanchar lo que había hecho. ¿Habrá entendido?... Hasta hoy no lo ha vuelto a hacer.

Por último, quiero decirte que el tener un hijo especial no implica una educación o un trato diferente, él tiene que aprender a la par. Los niños son tan inteligentes y manipuladores que te agarran la medida en un segundo. En muchos casos, he escuchado el reclamo de los otros hermanos en cuanto a que se le da más atención al hijo especial: "A él lo dejan hacer todo", "mi mamá nunca lo corrige, ni lo regaña, y a mí sí", "mi mamá le da todo sin pedirle nada a cambio", "no lo obliga a nada", "juega con él y conmigo no", "lo quiere más a él que a mí". Y por más que los otros niños sepan que su hermano es especial, llega un momento en que las diferencias les pesan, y los hacen sentir mal. Saben que su hermano tiene ciertas necesidades pero tu trato hacia él hace que en ciertos momentos lo odien. Recuérdalo. No por atender a uno desatiendas a los otros. Sé justa y pareja. Si quieres que otras personas lo traten como a los demás, empieza tú a tratarlo y a educarlo igual que a los demás, ¿no crees?

Algunas preguntas que me hace la gente son: cómo educo a Luciano, si le tengo consideraciones, si lo consiento más, si le permito hacer cosas que al otro no, en fin, y mi respuesta es NO, para nada, los trato, los educo y los quiero igual, pero aquí entre nos me preocupaba más cómo tratar a Carlo, tengo muchas inquietudes, no sé si estoy haciendo lo correcto. Durante un congreso en Monterrey, en una de las conferencias aclaré mis dudas. El tema fue "¿Qué piensa y siente tu hijo que no tiene síndrome de Down?". El exponente era un muchacho norteamericano simpatiquísimo, quien tenía una hermana menor con síndrome de Down. Narró varias historias en las cuales todos nos vimos reflejados. Una de ellas era:

Cuando yo era chico, veía a mi hermana y notaba que era diferente de mí, pero como mi mamá no me dijo nada, tampoco me atreví a preguntar. A veces me molestaba que ella no hiciera lo que yo hacía; muchas veces me dejaba en ridículo con mis amigos, pues me abrazaba y besaba efusivamente y luego agarraba a otro de ellos a besos. Todos se reían, yo no sabía qué hacer ni qué explicarles. Recuerdo una vez en que mi mamá me pidió que los acompañara a un show de Barney. Yo les inventé a mis amigos que iba a conocer a unas primas, pues a mi edad sentía que se iban a burlar de mí. Ya en el espectáculo, mi mamá me dejó encargada a mi hermana mientras iba por dulces y refrescos. Cuando regresó la encontró trepada en el escenario, bailando y cantando, pues yo no la pude detener, y lo peor de todo es que me encontré a un amigo de la escuela. ¿Se podrán imaginar lo que sentí?

Otra historia fue cuando mi mamá contrató un taxi para llevar a mi hermana a sus clases especiales. Yo me quedé muy angustiado pues me sentía responsable de ella. Así que decidí agarrar el coche de mi papá y seguirla. Pero para no hacerla sentir mal, no le dije que iba detrás del taxi, usé gorra y lentes, y dejaba que se interpusiera otro coche entre mi auto y el suyo. Con todo ese cuidado y perfección, yo juraba que de grande iba a pertenecer a la CIA o al FBI. En eso, el coche que iba en medio de nosotros dio vuelta y mi hermana volteó y me saludó con una gran sonrisa, mientras me hacía señas para indicarme que daríamos vuelta en la siguiente calle. Me sentí descubierto, culpable, y ter-

miné hasta regañado por manejar el coche sin permiso.

Pasados estos sucesos, ya no hubo nada que explicar, y entendí que tengo por hermana a una mujer maravillosa que me ha enseñado el valor de la vida, a no tenerle miedo a nada; cuando quiero desfallecer, ella me enseña la fuerza de la palabra 'tenacidad'; si alguien se burla de mí, me recuerda que una sonrisa lo sana todo; y si alguien la molesta, entiendo cuánto la amo.

No sé tú, pero yo estoy a punto de llorar sólo de recordar el amor y la pasión con la que hablaba ese muchacho de su hermana; aprendí que a veces nos angustiamos o preocupamos por cosas que realmente no tienen tanta complejidad. Sin embargo, yo sí he platicado con Carlo acerca de su hermano, le agradezco lo paciente y amoroso que es con él, cuánto lo ayuda y defiende. ¿Qué crees que me dijo?: "Mamá, yo soy fuerte, siempre lo voy a defender y a estar con él porque lo quiero mucho, de aquí al cielo".

Pienso que sí es bueno hablar con ellos, explicarles sutilmente la situación para que la entiendan y les hagan saber a sus amigos que no tiene nada de malo; enseñarles que es mejor y más divertido desempeñar su papel de hermano que adjudicarse el de papá; tienen que entender que no es su responsabilidad, pero si te piden participar y/o ayudar, déjalos.

También permite que expresen sus sentimientos negativos, es algo muy normal, eso no quiere decir que no se quieran. Sólo evita que se falten al respeto. En algún momento de tu vida, ¿no sentiste que odiabas a tu hermano o hermana? Y no pasó nada. Recuerda que, pese a todo, ellos seguirán siendo hermanos, amigos y cómplices. Foméntales el amor y el respeto mutuos.

Primera Comunión de mi primo
Miguel.

Mi primo Miguel hizo su Primera Comunión y yo no paraba de abrazarlo, es que lo quiero mucho. Mis papás fueron los padrinos y, después de la ceremonia, que yo algún día tendré, nos fuimos a casa de mis tíos. Mi hermano Carlo y yo bailamos toda la tarde con mi mamá y mi abuela. La verdad es que juntos somos dinamita.

Me llevé a los niños y a mi mamá a Guaymas, Sonora. Lo único malo fue que estábamos a 45 °C. Sudábamos y sudábamos. Por esa razón, cuando visitamos a una amiga de mi mamá, en su casa a la orilla del mar, les quité la ropa a mis hijos y… ¡al agua! ¿Podrán creer que el agua estaba caliente? No tibia, no rica, sino ¡caliente!… Y bueno, me acordé tanto de cuando vivíamos allá e íbamos a la playa a nadar y recoger conchitas. No saben qué sensación más extraña fue estar con mis niños en ese lugar, donde yo crecí. De pronto aluciné que ellos eran mis hermanos y que yo tenía cuatro años.

De ahí fuimos a Hermosillo, a la Primera Comunión de mi ahijada, Lucía, y los niños, a pesar del calorón, se divirtieron mucho. Volví a tener aquella sensación extraña cuando vi a las hijas de mis amigas. Cómo pasa el tiempo, ¿verdad? Con algunas de ellas fui al kínder, y nos hemos seguido viendo a pesar de la distancia. Estaban muy emocionadas de verme con mis hijos, pues todas ellas sabían las ganas que yo tenía de ser mamá. Como comprenderás, platicamos de todas las travesuras que hacíamos, tanto en la primaria como de adolescentes, también sobre nuestro viaje a Europa, de *backpack*: llevábamos 30 dólares diarios para hotel y comida, y para ahorrarnos la casa de estudiante viajábamos de noche en tren, ¡en segunda! Una vez dormimos tiradas en la estación, otra en el parque, y otra más en la cubierta de un barco hacia Grecia, donde por poco nos morimos de hipotermia, ¡pues hacía un frío en la noche, nos dormimos tan pegadas que parecíamos una lata de sardinas, y es que el aire calaba los huesos! Íbamos en *short*, porque era julio. Fue el primer viaje que hice sin mi familia, a los veinte años, tan lejos y sin saber inglés; pese a ello, fue el más maravilloso y divertido que he hecho. Los oyentes no entendían nuestras carcajadas con lágrimas, pero nosotras sí. No cabe duda que recordar es volver a vivir.

Luciano en Guaymas.

Yo, en el kínder.

En el tren.

En la cubierta del barco.

Me encanta ver a mi mamá tan contenta con sus cuatas, siempre ha sido muy "amiguera", aunque por el trabajo de mi abuelo no pudo consolidar muchas amistades, pues seguido estaban cambiándose de ciudad. Por eso, a sus amigas sonorenses les tiene un cariño especial, no hay envidias, falsedades, competencias, sólo buenos recuerdos. A mí también me gustaría tener muchos amigos pues, como dice mi mamá, es lo más valioso que hay. Ellos generalmente te cuidan, te aceptan como eres, te ayudan y defienden; son como tu familia –ésa, que puedes escoger–. El único objetivo de la amistad es apoyarse y disfrutar de la vida. Y bueno... después de ponerme cursi y

¡Felicidades, papá, te quiero!

soñador como mi mamá (se contagia), llegamos a tiempo para festejar el Día del Padre.

Así que nos fuimos a comer con mi abuelo Mario y mi papá. ¡Felicidades! Los quiero mucho.

Mi mamá se pasa, me llevó a una albercota, donde el agua estaba ¡congelada!, y me metió una muchacha que ni conocía. Pa'acabarla, con un animal que sólo se me acercaba a la cabeza,

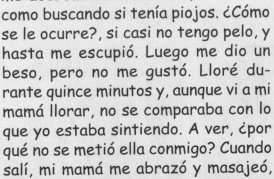

como buscando si tenía piojos. ¿Cómo se le ocurre?, si casi no tengo pelo, y hasta me escupió. Luego me dio un beso, pero no me gustó. Lloré durante quince minutos y, aunque vi a mi mamá llorar, no se comparaba con lo que yo estaba sintiendo. A ver, ¿por qué no se metió ella conmigo? Cuando salí, mi mamá me abrazó y masajeó, ¡claro, estaba congelado!; me le quedé viendo tan feo que creo que entendió lo que quería decirle.

Luciano se graduó de DEI, ¡estuvo tan emotivo! Fueron dos años de aprendizaje y convivencia; todas las mamás y las maestras fueron súper lindas con mi hijo y conmigo. En la graduación, todas teníamos un nudo en la garganta, y no queríamos sentirnos las típicas mamás cursis y ridículas, pero cuando ya no aguanté más fue cuando llamaron a Luciano, y él, "caminando" (como borrachito, pero caminando) y con una gran sonrisa, fue por su diploma. Todas las mamás le aplaudieron efusivamente, con lágrimas en los ojos.

Yo me sentí muy orgullosa de él. Sabía que algún día iba a lograr hacer lo que ya hacen sus amiguitos, como caminar, correr, brincar, pero la duda siempre te abraza y piensas: "¿cuándo?". Y bueno, lo vi caminar, sin importarle si lo hacía bien o mal, o si lograba dar unos cuantos pasos para luego caerse; lo admiré más cuando se levantó con esa gran sonrisa que siempre lo ha caracterizado... me hizo sentir que todo vale la pena y no existe

DEI: Posada 2004.   Posada 2006.

mayor satisfacción en la vida que ver a tu hijo valiente y feliz. Recordarlo me vuelve a llenar de emoción. Aprovecho para agradecer a cada una de esas mamás su cariño, sus sonrisas, su comprensión, así como el haber sido testigos de los logros de mi hijo y permitirme ser testigo de los triunfos de los suyos. ¡Gracias!

Ahora sí dejé con la boca abierta al doctor Unruh, pues llegué caminando, y hace cuatro meses todavía no quería ni gatear. Me felicitaron y a mi mamá también, lo único malo es que cuando abracé a Pat (la esposa del doctor), se me antojó mucho su hombro y la mordí. Mi mamá no sabía dónde meter la cabeza, de repente se sintió avestruz, y como las patitas ya las tiene... Claro que mamá me obligó a pedirle perdón, pero ¡quién le manda a estar tan delgada a esa señora! Mi papá estaba ahí, sólo de cuerpo presente, pues no se inmutó por lo que hice. Yo creo que en el fondo se estaba riendo mientras mi mamá seguía degollada.

Nuevos ejercicios:

1. Pasarle un aparato vibrador suavemente por cada extremidad (piernas y brazos), para sensibilizar y dar tono. 30 segundos a cada una.
2. Cerrarle la boca como pato. 1 minuto.
3. Meterle la lengua (con un abatelenguas) y decirle que se ve muy guapo.
4. Hacer que camine hincado, sosteniéndose de un cajón. 2 minutos.
5. Cepillarle las manos. 30 segundos a cada una.
6. Cepillarle los pies. 30 segundos a cada uno.
7. Golpeteo en los labios. 30 segundos.
8. Motivarlo a que siga caminando.

5 de julio

Un día, cuando regresábamos de la terapia con los delfines, Luciano sentado en su sillita, yo preparando su leche, de repente, el niño me dijo: "Mamá"… Y yo: "¿Queeeé?… ¡¿Qué dijiste?!". Volteó lentamente, me miró sonriendo y otra vez pronunció: "Ma-má"… ¡Qué bueno que yo no iba manejando porque hubiera frenado de golpe sin importar a cuántos autos pegaba como calcomanía en la cajuela! ¿Te puedes imaginar la emoción que sentí? Clarito me dijo "mamá". José Luis, que venía manejando, casi chocó cuando me afirmó: "Señora, dijo 'mamá'". Y yo: "Sí, ya sé, ya sé… si sí lo escuché". Me reía de nervios, entre lágrimas, no sabía si reír o llorar. Le pedí que lo repitiera y el méndigo sólo me sonreía, creo que lo asustó mi reacción. Ha de haber pensado: "Repito 'mamá' y a ésta le da un infarto o termino poniéndole camisa de fuerza". Fue un día memorable. ¡Me dijo mamá! ¡Me dijo mamá! Estaba tan emocionada. Veía tan lejano ese momento, y por fin ocurrió. No sabes qué hermoso se siente estar ahí para ser testigo de esos "pequeños grandes logros".

Familia Collado.

¡Qué bonita familia, qué bonita familia! ¡Y qué grande! Fuimos a Cancún todos los Collado, que somos un chorro, y la pasamos padrísimo. Yo no dejé de abrazar a todos mis tíos, tías, primos y primas, e incluso a los de las mesas de al lado. ¿Por qué no? Mi hermano Carlo es más serio, a él lo que le interesaba era correr y meterse a la alberca. Con el que disfruta mucho es conmigo, nos encanta jugar a las luchitas, pero es un tramposo porque cuando le voy ganando con una llave que me enseñó el Hijo del Santo, él se me echa encima desde la tercera cuerda y me deja como calcomanía en el colchón. Ahí sí tiene que intervenir mi mamá que, con mucho cuidado, me levanta con una espátula, y en vez de quedar en empate, ella me da ánimos para la revancha.

Estando ahí sucedió algo que prendió a mi mamá. Uno de mis tíos, en el desayuno, le preguntó: "¿Luciano entiende?". A lo que inmediatamente mi mamá contestó: "Claro que entiende". Él insistió: "Pero, ¿sí entiende todo?". Y ella: "Luciano, pásame la cucharita y dale el cuchillo a tu tío". Lo hice. Y él volvió a preguntar: "Bueno, sí, pero me refiero a si entiende cuando le hablas". Y mi mamá, ya encabritada, le contestó: "Entiende mejor que otros que no tienen síndrome de Down pero a quienes definitivamente no les funcionan las neuronas, como 'tú comprenderás'". Y mi papá, nervioso, dijo: "¡Flaca!". Mi mamá contestó: "¿Qué? Sólo le estoy explicando que mi hijo sí entiende, el que no comprende es él, pero no te preocupes, tengo toda la paciencia del mundo para explicarle hasta que lo entienda". ¡Ándale, ca...! Casi no desayunó mi mamá, y es que cuando se trata de nosotros, ella se transforma en una pantera con filosos colmillos, patas de oso, trompa de furioso elefante y cuerpo de búfalo. Si no te creas, a mí también me da miedo a veces, pero me siento muy orgulloso de que nos defienda así.

Después nos fuimos a Acapulco y celebramos por segundo año consecutivo el cumpleaños de mi mamá.

Esta vez hubo hasta sesión de fotos para una revista de chismes, y toda la cosa.

En estos años Juan y yo hemos estado yendo muy seguido a París, pues él tiene que supervisar el juicio de uno de sus clientes. Los juicios duran muchas horas, así que yo aprovecho para dormir, pasear, comprar, pero un día amanecí chípil, y escribí tal cual lo siguiente en una servilleta que aún conservo.

París, Hotel Ritz, 20 de julio de 2006

Luciano, Carlo:

Estoy sentada frente a un arpa hermosísima, escuchando unas melodías entre nostálgicas, románticas y tiernas mientras como una tarta de pera y bebo un café con leche, en la cafetería de uno de los mejores hoteles del mundo; espero a su papá. Sus caritas me hicieron compañía y pensé: "Cómo me gustaría que estuvieran conmigo, que disfrutáramos de esto juntos, los extraño mucho".

Ya que estén más grandes, lo vamos a hacer, se los prometo; más bien me lo prometo a mí misma. Quiero ir a todos los lugares que he visitado, pero ahora con ustedes, y compartir todo lo que he vivido. Los amo. Me choca extrañarlos. Siento que me falta algo, nada tiene chiste, mis brazos están vacíos, y como aún no

hablan, no sé si les da gusto oírme, si también me ex-
trañan; no me pueden platicar lo que hicieron en el
día, qué quieren que les lleve.

¡Ay no, no me gusta extrañarlos, no me gusta sen-
tirme así!

Tuve unos días terribles. Primero, nació mi primo Nicolás y sentí muchos celos. No quiero que me robe la
atención de mis abuelos Carmen y Mario. Y luego,
pa'colmo, descubrí que quien acapara a mi abuela Carmen es mi otra abuela, quien también se llama Carmen. Si no me creen, deberían de verlas juntas,
tomando el almuerzo en el Camino Real, donde mi
abuela Carmen Collado ha desayunado todos los días
desde hace cuarenta años (¿pues qué le pondrán a la
comida?) En fin, no les para la boca, y con eso de que
descubrieron que tienen muchas cosas en común, parece competencia. "Pues a mí me encanta bailar"... "A
mí también"... "Pues yo, bla, bla, bla", "Pues yo también, bla, bla, bla". La próxima vez les llevo un cronó-
metro de arena, para que por lo menos tengan chance
de respirar. Las únicas que me hacían caso eran Mamá
Mía y mi bis Lili. Mi mamá, de oyente, como en la escuela. Bueno, ¿pueden creer que no habló nada?, es
decir, no la dejaron hablar... Una de cal, ¿no?

Carlo y yo fuimos a Miami con mi abuela y mamá y,
créanme, fue una aventura. Nos llevaron al acuario;
cuando vimos pasar a los delfines en una pecera gigante nos emocionamos tanto que hasta mi hermano
Carlo me daba besos en la boca, y luego gritábamos.

En el *show* de delfines, yo estaba feliz viéndolos saltar hasta que brincaron cerca de nosotros y nos em-
paparon. Al principio me asusté, pero luego me reí

Vimos delfines, cocodrilos, focas, tortugas, peces, tiburones, etcétera.

tanto como estos bellos animales se reían de nosotros por su travesura.

Ya nos habíamos secado con el sol cuando empezó
a llover, y nosotros éramos los únicos locos que ca-
minaban bajo la lluvia gritando y cantando. Mi abuela
no lo podía creer, seguro se preguntaba: "¿En qué momento enloqueció mi hija?".

Por último, ya secos, fuimos a ver el *show* de un
delfín africano... era negro con blanco y mucho más
grande que los otros. Estaba enorme, créanme. Mi
mamá nos explicó que era una ballena orca. Y ¿qué
creen que hizo este animalito?... ¡Nos mojó! Sí, como
lo oyen, bueno, como lo leen, la malvada se sentía que
pesaba tres kilos y se aventó un clavado. Claro, sacó
toda el agua de la alberca, y nosotros, que estábamos de mirones alrededor, nos empapamos. Llegamos
al departamento en calidad de trapeador de oficina.
Si mi papá nos hubiera visto, seguro le quita la patria

potestad y la custodia a mi mamá diciéndole: "¡Tú no estás capacitada para cuidar niños!".

¡Nos divertimos mucho!

Lo que no divirtió nada a mi mamá fue que ni mi hermano ni yo comimos bien. Un día se desesperó tanto que se puso a llorar. Mi abuela le decía: "No te preocupes, ya comerán (ella sí sabe; como dicen: 'más sabe el diablo por viejo, que por diablo', y no le estoy diciendo vieja a mi abuela, sino sabia). ¡Y cómo íbamos a comer, si nos daba la leche con cereal, plátano, vitaminas y hasta un huevo! Oye, ni un fisicoculturista profesional desayuna eso. La otra opción era Pediasure. La cuestión es que preferíamos los helados, chocolates, todo menos comida. También optábamos mejor por ver a Barney, jugar luchitas, inspeccionar todo lo que había en la casa. Un día sacamos los trajes de baño de mi mamá, mi hermano Carlo se puso el calzón en la cabeza, luego la parte de arriba. Se veía muy chistoso; se probó todos.

¡No sabes las cosas que había en el baño!... frascos grandes, chicos, con tapa, cepillos, ligas, pasta de dientes, pinturas de mi mamá que mi hermano Carlo rápidamente detectó: en ese momento se apoderó de él el espíritu de Dalí; pintó las puertas, la alfombra, las paredes. Yo estaba disfrutando mucho la obra de mi hermano, cuando nos paralizó el grito de mi mamá… abrió la bocota como sorprendida, no sabía si regañarnos o reírse. Casi siempre opta por lo último, aunque finge estar molesta (¡dejaría de ser actriz!), pero yo la caché, se volteó para reírse. ¡Mamá, te vi por el espejo!

Por supuesto, hubo *shopping*. En ese sentido admiro a mi mamá. Tiene un olfato para encontrar hasta lo que no necesita, ¡y a qué velocidad!... Eso sí, a mi hermano Carlo y a mí nos compró ropa padrísima; sólo espero que mi papá no la regañe por el tarjetazo.

¡Llegó el día del zoológico! Claro, por la lentitud de mamá (con eso del ritmo vacacional), llegamos a las 3:30, y cerraban a las 5:00 p.m., pero mi mamá se propuso recorrerlo todo en una hora. Mi abuela, mi hermano Carlo y yo, con el calor y lo incómodo de las carriolas, la hubiéramos apoyado para estar ahí cinco minutos, pero no, vimos los flamencos, tigres, osos, elefantes, camellos, búfalos, leones, nutrias, etcétera. ¿Le sigo? Era como un maratón, y todos menos mi mamá, estábamos con el buche de fuera, aunque yo trataba de ser condescendiente con ella pues parecía niña chiquita, me dio ternura. "Corran niños, el oso…", foto. "Corran niños, el antílope", foto. "¡La gacela!", foto… ¡Yaaa mamaaá! No nos interesa saber si tienen cuernos, pelo, corren, vuelan; los que deberíamos volar, pero de aquí, somos nosotros. Con eso de que mi mamá se ha vuelto muy didáctica, nos leía todos los letreritos: si viven en África, si están en peligro de extinción, si comen carne o verduras… Yo de verdad hacía un gran esfuerzo por ponerle atención, lo lograba diez segundos (hasta me sorprendía de mí mismo, de mi paciencia), pero al onceavo segundo: ¡Yaaaaaaa!... Espera, mamá, ahí hay unos juegos muy padres, porfis, porfis… Y bueno, si ya la habíamos complacido, ahora nos tocaba a nosotros;

no les cuento el berrinche que hicimos cuando nos corrieron del lugar porque ya habían cerrado. Yo le decía al policía: "Mejor, señor policía, no hay nadie, todos los juegos para nosotros... porfis, porfis". Y mi abuela le insistía a mi mamá: "Leticia, otro día regresamos a ver lo que nos faltó, cuando haga menos calor y los niños estén más grandes". (Mira que mi abuela es inteligente, ¿eh?)

Chequen mi cara: estaba hasta la... ¡madre, mañana volvemos!

A pesar de todo la pasamos muy bien. El fin de semana llegaron mi papá y mi abuelo Mario. Se acabó el romance. Abuelo mata mamitis.

Gracias a Dios no se enfermaron con tanta locura, helados, calor, aire acondicionado, lluvia, ¡hasta un baño en la fuente del centro comercial! Cuando Juan vio que les estaba quitando los pantalones, me dijo con tono tierno y suave: "¡No te atrevas!"... Y sí, me atreví, los dejé que se metieran con pura camisetita. Carlo corría feliz atrás de otros niños, Luciano correteaba el chorro del agua, iba y venía de un lado a otro; "caminando", según él se agarraba del chorrito para no caerse, se veía divino, y sus carcajadas no las cambiaría por nada, hasta Juan disfrutó el momento. Mi papá me hubiera aplaudido y hasta se hubiera metido a la fuente con ellos, sólo porque estaba Juan no lo hizo. Tú sabes, hay que fingir cordura. Mi mamá, que piensa en todo, se fue a comprar unas toallas.

Disfruta siempre con tus hijos, déjalos gozar los momentos felices.

Toda la vida he dicho que siempre se aprende algo nuevo.

Me invitaron a hacer una cápsula en el Centro de Rehabilitación Infantil Teletón (CRIT) de Tlalnepantla, Estado de México. Me acompañaron Luciano y mi abuelillo. La historia era muy conmovedora: a un señor se le cayó su bebé de tres meses mientras jugaba con él, lo que le provocó un derrame cerebral. El señor sigue viviendo con la culpa; el niño ahora tiene doce años y está en silla de ruedas, no camina.

Me habían pedido entrevistar a los papás en un auditorio con público, de repente me dijeron: "¡Vas!". No vi a tales papás en el escenario; entonces me explicaron: "Vas a entrevistar al niño Eric, que puede hablar con dificultad, ¡vas!", y me aventaron al ruedo. La verdad no sabía qué preguntarle. La gente, después de ver su historia, estaba llorando, y yo me hice la fuerte. Hasta que le dije: "Mi amor, tú sabes que tu papá te quiere mucho y está muy preocupado por ti. ¿Qué le dirías a él?". Y me contestó: "Gracias". Yo me quedé en *shock*, nunca esperé esa respuesta. Entonces, le pregunté, ya con lágrimas en los ojos: "¿Gracias?… Gracias, ¿por qué?". Él me contestó con gran dificultad: "Porque mi papá me quiere mucho así como estoy, y siempre ha estado conmigo". Yo ya no pude más y lloré abiertamente. Volteé a la cámara y dije: "No puedo continuar, no puedo". Me gritaron: "¡Síguele! Estamos grabando". Tomé aire y me dirigí al público para decirle: "Eric acaba de darme una gran lección en la vida, pues, pese a todo, le da las gracias a su papá. ¿Cuántas veces nosotros les hemos dicho gracias a nuestros padres?".

Mi ilusión más grande en la vida es que Luciano y Carlo el día de mañana me digan "gracias". Finalmente, ¿cuál es el fin de nuestra vida sino ayudar a nuestros hijos, educarlos, enseñarles, defenderlos, amarlos, cuidarlos, alimentarlos, corregirlos, atenderlos? Pero que ellos reconozcan tu dedicación, y por qué no, tu esfuerzo y sacrificio, se siente muy bonito. Para mí, el mejor premio va a ser ese día: cuando mis hijos me digan "gracias, mamá".

Aprovecho estas líneas para decirle a mis padres: gracias por haberme cuidado, gracias por haberme enseñado con paciencia, gracias por darme una educación, valores, gracias por aguantarme y aceptar mis defectos, mi carácter, gracias por apoyarme siempre, por quererme como me quieren, gracias por ser mi ejemplo a seguir. ¡GRACIAS, LOS AMO MUCHO!

La que está súper bien es mi bis Lili, pero he de confesar que es muy envidiosa. Le quiero quitar sus lentes y no se deja, tampoco mi abuelo Mario. Aunque el oculista dice que estoy muy bien, yo quiero usar lentes. Ahora que mi bis cumplió noventa y tres años, pidió de regalo que la lleváramos a ver al Señor de las Maravillas, a Puebla. Quién sabe quién es, pero oí a mi mamá decir que tenía una deuda con él, y que por eso estaba muy contenta de estar ahí. Algo tenía que ver conmigo. Bueno, ahí estaba toda la familia, había mucha gente, llovía, y mi mamá, que parece japonesita taka taka, organizaba la foto. Toda la familia la quería matar, no entiendo por qué, a mí sí me gustan las fotos. Luego yo rodaba de brazo en brazo, pues mi mamá se la pasó platicando con muchas personas y

firmando papelitos. Sólo espero que no hayan sido cheques. De ahí, a comer mole. ¡Felicidades bis!

Tomé un curso de síndrome de Down en Monterrey, que estuvo padrísimo. Vinieron doctores, especialistas de Estados Unidos, España y México. Hubo psicólogos, odontólogos, audiólogos, neurólogos, oftalmólogos, abogados, entre otros. El que también vino fue el doctor Unruh. Comprenderás que aquí tiene un club de fans, y su plática estuvo muy interesante. Terminó la conferencia haciéndonos tres preguntas que a mí ya me había hecho en una de las citas con Luciano, y que fueron las siguientes:

1. ¿Cuándo fue la última vez que compraste algo para ti?

Yo: ¿Le tengo que contestar la verdad? Bueno, justo antes de venir me compré ropa.

Doctor: Muy bien, las mamás necesitan gasolina emocional que gastan durante el día, y es importante llenar ese tanque. Una de las maneras es comprándote algo, lo mereces. Cuando tienes hijos te olvidas de ti, de lo que te gusta, de lo que quisieras, y hasta de lo que necesitas. Por eso yo recomiendo comprarse algo de vez en cuando, y no tiene que ser algo caro necesariamente. Estoy hablando de una blusa, un pantalón, un disco, un labial, una bolsa, un helado, en fin, algún premio, algo que te haga sentir bonita, o bien, que te ayude a llenar ese tanque emocional.

2. ¿Qué haces para divertirte o distraerte?

Yo: Voy al cine una vez por semana, con mi mamá y mi abue, o voy a comer a algún restaurante con mis amigas, más o menos cada quince días. También me gusta leer.

Doctor: ¿Y platicas con ellas sobre tu esposo y tus hijos?

Yo: Pues la verdad no, nos dedicamos a chismear del trabajo, de una nueva película, o de alguna noticia relevante, etcétera.

Doctor: Muy bien, es muy importante que te distraigas un poco de la difícil tarea de ser mamá y esposa. Hay mujeres para quienes su único tema son los problemas del marido y los hijos. Es preciso desconectarse de ellos de vez en cuando para poder regresar a verlos con más energía y ganas. ¿Qué puedes hacer? Tomar clases de algo que te guste, asistir al gimnasio, comer con tus amigas, ir al cine, al teatro, darte un masaje, pasar una tarde en el salón de belleza, leer un libro. Hay infinidad de cosas que puedes disfrutar, sólo es cuestión de que te decidas y recuerdes que lo mereces, además es en beneficio de los tuyos.

3. ¿Cuándo fue la última vez que saliste de vacaciones con tu esposo?

Yo: Hace un par de semanas. Acostumbramos salir juntos muy seguido, aunque sea el fin de semana.

Doctor: Muy bien, es vital que no por ser mamá descuides la parte de esposa y de mujer. Una mujer insatisfecha (en todos sentidos) no me sirve de nada. Por eso aconsejo a las parejas que tomen vacaciones tan seguido como se pueda. Entendiendo que las vacaciones son "sin niños", sin teléfonos, sin nada que los distraiga del descanso y la diversión en pareja.

Yo les apuesto que si cumplimos estos tres puntos (mamás valoradas y premiadas, contentas de tener tiempo para ellas, divertidas, queridas, satisfechas y descansadas), estaremos más capacitadas para darle el cien por ciento a nuestros hijos y maridos, y más cuando hablamos de hijos especiales: la carga emocional aunque no queramos es doble. Un día escuché que alguien decía: "La tarea de una madre es como empujar un coche que se quedó sin gasolina". El tener un hijo especial es: "como empujar ese mismo coche, pero sin llantas". Como verás, es lo mismo, sólo que requiere más esfuerzo.

Así que, mujeres: ¡a contestar esas tres preguntas, y a ponerse a trabajar! Hagan un acuerdo con su marido y tomen este tema con seriedad, estoy segura de que si lo siguen van a cambiar su vida para bien, y respecto de la gente que está alrededor.

En la conferencia aprendí que el oftalmólogo aconseja tener una supervisión continua de los ojitos de nuestro hijo con síndrome de Down, pues es propenso a tener hipermetropía, que significa dificultad para ver de cerca; él requiere más esfuerzo, y eso le puede causar dolor de cabeza. También puede padecer estrabismo (lo cual significa que se le va un ojito; si hay mucha diferencia entre ambos ojos, uno se puede convertir en flojo); o miopía: dificultad para ver de lejos; o astigmatismo: diferencia de la curvatura de las córneas, tienen diferentes áreas de enfoque y, por lo tanto, los niños ven borroso; o nistagmus: movimiento involuntario de los ojos, frecuentemente hacia los lados. Muchos pequeños controlan ese movimiento viendo de lado, voltean incluso la cabeza. Luciano lo hacía pero gracias a los estímulos visuales ha mejorado mucho. Además, el doctor me aconseja no tratar de corregirlo, pues así es como él ve mejor. En algunos de los padecimientos antes mencionados es necesario usar lentes, y en ocasiones se requiere cirugía.

También es común que tengan problemas con las vías lagrimales. Como las lágrimas se producen por una glándula especial, y se eliminan mediante un sistema colector, parecido al de la lluvia-drenaje, si este se tapa o es muy estrecho, es fácil que se estanquen, y esto provoca orzuelo y blefaritis. Luciano tuvo eso, lo único que me recomendaron fue lavar sus ojitos con el mismo shampoo del cabello y pasarle el dedo debajo de sus pestañas, de afuera hacia dentro, es decir, de la sien hacia la nariz.

Un tema muy interesante fue el manejo de límites y reglas. ¿Qué es un límite? Es lo que indica hasta dónde puede llegar una persona, en lo emocional, físico y social. ¿Qué es una regla? Es lo que establece cómo se lleva a cabo cierta acción; las reglas están formadas por conducta y comportamiento. Los límites están formados por reglas, y estas pueden cambiar dependiendo de su edad, de la situación y de la familia.

Los límites se desarrollan por niveles:

Maduración: Conductas adecuadas de los papás en
su estimulación.
Adecuado: un chequeo médico, terapias,
estímulos, etcétera.
Inadecuado: evitar sus ejercicios por llanto
o berrinches.

Emocional: Conductas adecuadas que faciliten al niño expresar sus sentimientos.

Adecuado: pedir las cosas sin llanto.

Inadecuado: tirarse al piso porque está enojado; berrinches.

Familiar: Conductas adecuadas que faciliten al niño relacionarse con los elementos de la familia en cada actividad.

Adecuado: que permanezca sentado a la hora de la comida.

Inadecuado: tener que perseguirlo para que coma.

Social: Conductas adecuadas que le faciliten relacionarse con los demás.

Adecuado: hacer fila para pegarle a la piñata.

Inadecuado: golpear a otro niño.

Académico: Conductas adecuadas que le faciliten el aprendizaje.

Adecuado: permanecer sentado en el salón.

Inadecuado: salirse del salón.

¿Cuál es la función de los límites y reglas? Proteger a la persona. A través de los límites vamos preparando a nuestro hijo para la interacción con el medio ambiente.

Ejemplos de protección:

- Tener una interacción de calidad con los compañeros.
- Ser respetado por los demás.
- Ser reconocido por sus habilidades.

La formación temprana favorece la adaptación en todos los niveles: emocional, familiar, social, académico y laboral.

Socialmente, lo rechazan por su forma de adaptación, no por su físico. La conducta se aprende en forma accidental, o de imitación, impuesta en la escuela pero principalmente en la casa. Por eso es importante darle un buen ejemplo. No podemos decirle a nuestro hijo: "¡No tires tu ropa!", cuando nosotros también la tiramos; o "¡No comas con la boca abierta!", si nosotros lo hacemos. En fin, acuérdate de que el niño tiene una capacidad de imitación increíble para lo bueno y para lo malo. ¡Cuidado!

Los integrantes de la familia tienen que respetar los límites y reglas que ponen los papás, asimismo el personal de servicio como nanas, enfermeras, la gente que rodea a tu pequeño, etcétera, todos ellos pueden ayudar teniendo constancia, repetición, paciencia, lógica, elogios adecuados y correcciones coherentes. Y recuerda, la constancia no es de un día, sino "de todos los días". También hay que tener paciencia hacia nuestros hijos, eso quiere decir: enseñarles algo y esperar el resultado dándoles su tiempo. A veces queremos que hagan las cosas inmediatamente o que aprendan a hacerlas bien a la primera, pero eso no funciona así. Si todos tenemos nuestro ritmo, ellos también, y es más lento. Si a los niños regulares hay que repetirles las cosas mil veces, a nuestros hijos especiales hay que decírselas mil siete. Cuando lo logren, no olvides valorar su esfuerzo con elogios, aplausos y besos.

Lety tips

Cambia el NO por frases positivas:

"No te pares", por "Siéntate".
"No brinques", por "Cuidado, puedes caerte".
"No corras", por "Camina despacio".
"No tires", por "Levántalo".

"No saques la lengua", por "Mete la lengua, cierra tu boca".

"No comas con la boca abierta", por "Come con la boca cerrada".

Háblale con seguridad y claridad, ejemplos: "Levanta tu ropa", "recoge tus juguetes", "lávate los dientes", "lleva tus platos a la cocina". No le digas: "Lleva tu plato de florecitas rosas, en el que te serví la sopa, al fregadero, para que lo lave con el jabón especial de trastes, porque debes de saber que existen varios tipos de jabones"... ¿Me entiendes? Y por favor, nunca lo etiquetes con frases como: "eres un inútil", "qué torpe eres", "no seas tonto", etcétera. ¡Por favor, no! Ya lo había dicho antes, pero creo que no está de más repetirlo.

Lenguaje: sabemos que es la habilidad para expresar pensamientos a través de palabras, un proceso por el cual un niño expresa significado-sentimiento. Es una vía para comunicarnos, inicia en el nacimiento por el contacto visual y tiene dos componentes: recepción y expresión. La recepción es el proceso en el que se captan los estímulos y se genera la asociación objeto-palabra.

Los factores que pueden causar atraso en el desarrollo del lenguaje son:

• Sobreprotección: darle todo, adivinar lo que quiere, etcétera.

• Ambiente no estimulante: no hablarle, no ponerle música.

• Inestabilidad familiar.

Asimismo, existen otros factores que impiden el desarrollo del lenguaje:

• Malformaciones cráneo-faciales.

• Trastornos neurológicos.

Para que nuestros hijos puedan tener una mejor calidad de lenguaje, primero tenemos que checar que escuchen y vean bien. Hay que hacer asociación palabra-objeto. Ejemplo: "manzana" (y enséñale una manzana); "leche" (muéstrale una mamila). El objeto puede ser táctil, o un dibujo, también es válido utilizar ambos.

El lenguaje empieza por el llanto, balbuceo, onomatopeyas (guau, muu, bee, miau), la última vocal de una palabra (mamá: a; leche: e); luego, la unión de vocales (aa, ui, oa, ee, ae); después el intento de la palabra (ma, eche), y por fin, la palabra entera (mamá, leche).

Empieza por palabras de una sílaba: sol, ten, sal, yo, pan, mi; sigue con palabras de dos sílabas: mamá, papá, dame, leche, gato, vaca, pato, hola, aquí, agua, casa, mano, coche, mesa, etcétera. Luego, con palabras de tres sílabas: galleta, caballo, helado, pelota, ventana, calcetín, borrego, zapato. Después, palabras de cuatro sílabas: escaleras, teléfono, mariposa, chocolate, etcétera. Enseguida, viene la unión de dos palabras: dame leche, quiero agua, pelota grande, niño bonito, tengo sueño. Y al final vienen las frases completas.

Es importante enseñarle verbos con dibujos que puedes sacar de las revistas: el niño está *nadando*; el oso está *dormido*; la señora está *comiendo*; el bebé está *llorando*; mamá está *cantando*, etcétera.

Para finalizar, es importante que mastique lo más pronto posible, darle masajes orofaciales, estimularlo mucho y obligarlo a hablar. Cuando lo haga, festéjaselo; siempre hazle sentir lo importante que es para ti y lo mucho que lo quieres. En cualquier logro puedes decirle frases como: "¡Qué bien estoy contigo!", "¡Me haces muy feliz!", "¡Estoy muy orgullosa de ti!", "¡Te quiero!", "¡Gracias por ser como eres!", "¡Gracias por tu esfuerzo!", "¡Sabía que lo lograrías!", "¡Gracias por ser mi hijo!", "¡Eres único e irrepetible!", "¡Te amo!", etcétera.

Y no te desesperes, el tema del lenguaje es el que más trabajo cuesta a nuestros hijos y es una situación neurológica. ¿A qué edad empiezan a hablar? Cuando están listos, pero no dejes de estimularlos, te aseguro que tu esfuerzo y el de ellos tendrá una recompensa.

De veras que los adultos tienen un sentido del humor bastante raro. Mi mamá nos viste con un pijama de calavera, bueno, yo sí parezco esqueleto. Mi hermano Carlo parece salchichón de cebra. Luego, ella pone caras espantosísimas por toda la casa, arañas, murciélagos, ¡ay, no!, una cosa francamente horrible. No sé qué le ven de divertido. Lo único que nos gustó es que fuimos con muchos amigos de nuestros primos

Miguel y Fer, y nos dieron muchos dulces. Yo creo que como recompensa a tanto susto.

Otra cosa que no entiendo muy bien es cuando mi mamá me sienta en el triciclo y, como no quiero pedalear solo, me amarra los pies con unas vendas para que no los baje y así haga ejercicio usando las piernas... ¡qué gacha! Me dan ganas de amarrarla a un microbús, a ver qué siente.

Esta vez no me fue muy bien con el doctor Unruh, se dio cuenta perfectamente de que no hice su programa como me lo mandó. Es muy estricto, y por un lado tiene razón. Lo bueno es que Luciano sí tuvo avances, camina mejor, agarra más en pinza, etcétera. Pero lo que más me gustó y me llegó fue que no hubo regaños, sólo me dijo: "Yo sé que Luciano y usted me pueden dar más"... ¡Bolas!

Duele más que te lo digan así. Por eso, no me voy a permitir volver a echar la flojera, mi hijo no lo merece. Sé que a veces es cansado y aburrido, cuatro meses hacerle lo mismo dos veces al día, de lunes a sábado, pues sí es tedioso, pero también es increíble cómo con una corta terapia, de menos de media hora, se ven resultados en poco tiempo, y claro, parte del secreto es la constancia. Así que hay que hacérselo entender al niño, pues algo es cierto: si tú flaqueas un día con tu hijo porque no quiere trabajar, ya te fregaste, cada vez será peor. Sin embargo, si el niño ve que aunque llore, berree, patalee, vomite, se le gire la cabeza como en *El Exorcista*, tú no dejas de hacerle la terapia, llegará un momento en el que diga: "Bueno, me doy, es mejor ponerme flojito y cooperar". Eso también ya lo puse en práctica, y créeme, funciona. Algo importante es que no le grites durante la terapia ni se la hagas de mal humor. Puedes ponerte tapones en los oídos o escuchar tu iPod. Si estás estresada, tu hijo lo va a sentir, y más que algo agradable, los ejercicios van a ser un martirio para los dos. Sé enérgica, pero sonríe, y si no te sientes con ánimo, pídele a tu esposo, tu mamá, tu hermana o alguna amiga que le haga la terapia.

Esta es la nueva terapia:

1. Gatear. 3 minutos.
2. Caminar hincado. 2 minutos.
3. Caminar hacia atrás. 1 minuto.
4. Hacer que haga puntitas tratando de alcanzar algo. 1 minuto.
5. Presión profunda en los labios (para darle tono al área de la boca). 30 segundos.
6. Meterle la lengua y levantarle la barbilla; decirle que se ve muy bien. 1 minuto.

7. Golpeteo con tus dedos alrededor de sus labios. 30 segundos.

8. Masaje en la palma de la mano haciendo el dedo pulgar hacia fuera (en caso de que lo meta debajo de sus otros dedos). 30 segundos cada mano.

9. Incitarlo a que agarre en pinza. −Yo ocupaba la alcancía con botones−. 2 minutos.

10. Abrazarlo, apretarlo y soltarlo (contención). 30 segundos.

11. Tarjetas similares: hacer que las ponga arriba (iguales), máximo 4 de ellas. 2 minutos. Te aconsejo que si tienes tarjetas de animales, por ejemplo, le saques 4 copias a cada una. Le pones 4 diferentes y le vas dando una por una para que las coloque sobre el animal correspondiente. Siempre revuélvelas antes de usarlas.

12. En una cubeta con arena (40 cm), esconde objetos grandes para que los busque escarbando. Entre mejor lo haga, ponemos objetos más chicos. 1 minuto.

13. Con un aparato vibrador, masajearle las piernas (tono). 30 segundos cada una.

14. Balancearlo en una hamaca. 2 minutos.

15. Ponerle tapones en los oídos. 1 hora al día.

Recuerda que estas terapias se las manda el doctor específicamente a Luciano, luego de establecer en qué área las necesita. No todos los niños son iguales. Si te interesa algún ejercicio, consúltalo con una persona capacitada, ya sea el neurólogo o un terapeuta.

Mi mamá está feliz porque hoy, 7 de noviembre, empezó en el programa "Hoy" como conductora. Sé que por un lado se siente mal de dejarnos solos, pero por

mí no hay problema, pues ahora va a llegar con más
ganas de vernos, de jugar con nosotros. Estoy seguro
de que sentirse útil y hacer lo que siempre ha hecho
la va a llenar de energía. Además, está perfecto, para
que así se levante temprano y le rinda el día, porque
aquí entre nos es un poco flojilla. Bueno, para que no
suene feo, le gusta dormir. Ahora termina de trabajar a las 12 del día, y llega a la casa como a las 12:30;
antes a esa hora se estaba bañando. Con decirte que
cuando fue el terremoto del 85, ella vivía en la colonia Roma y ¡no oyó nada! La casa se tambaleaba, y mi
abuelo tuvo que despertarla para salir juntos a la
calle. Imagínate el sueñito pesado que tiene. (Por
favor, no le vayas a decir que te lo dije, porque me
cuelga de los... detalles me los reservo.)

Hoy fue la primera cita de Luciano con un neurólogo que
vive en la Ciudad de México. Siento que es importante
tener a un doctor que te guíe; estos especialistas saben
más sobre lo que hay que hacer, qué estudios realizar,
qué otros médicos hay que ver, y qué observar en nuestros hijos. Por ejemplo, me dijo que le diera omega 3,
porque le ayuda a su sistema nervioso y de alguna manera es como alimento para el cerebro. Yo lo conseguí en
cápsulas, abro una con tijeras o con una aguja y la vierto
en la mamila. Le ha caído muy bien, veo que come
mejor, está más despierto, no se estriñe, en fin, pregúntale a tu doctor. De todas maneras, al final del libro in-
cluyo una guía médica que me dieron, para que la uses
o se la muestres a tu doctor.

Navidad 2006
Fuimos a casa de mi hermano Miguel y la pasamos súper.
Los niños, de veras, estuvieron muy chistosos. Carlo le-
vantaba a mis sobrinos, él juraba que de verdad era tan

fuerte que los podía cargar; los tiraba y se les echaba encima. Pero ahí no paró la cosa, Luciano se aventaba sobre ellos desde la tercera cuerda. ¡Bolita!, ¡bolita! Nosotros muertos de la risa, aunque estoy segura de que a mis sobrinos no les causaba tanta gracia. Por dentro decían: "Montoneros, esperen a crecer y nos las van a pagar. Sólo porque mi tío es abogado no les hacemos nada, no vayamos a terminar tras las rejas". Y por último, mi hermano Miguel me preguntó si los niños sabían reírse como Santa Claus. Pues no, nunca les había enseñado, así que él lo hizo. Se veían divinos vestidos de Santa diciendo "jo, jo, jo", agarrándose la panza.

Un año más con mis hijos, y Juan, como siempre, me sorprendió, esta vez dándome el anillo de compromiso. Bueno, en realidad el segundo, pues el primero me lo dio en el 2000, cuando tuve el embarazo anembriónico… pero bueno, no recordemos cosas tristes, mejor volvamos al maravilloso momento en que me dio otro anillo: por supuesto me emocioné hasta las lágrimas pues significaba consolidar aún más nuestra relación, sellar la unión de nuestras vidas, un compromiso para con nuestros hijos, ver hacia el futuro, formar una verdadera familia, seguir caminando de la mano con amor, remar juntos aun contra la corriente. Pensé: "¡Y ojalá sea pa'siempre!", como decía la abuelita de Juan, doña Julia,

Anillo de compromiso.

que en paz descanse. Como buena canceriana que soy, esto era con lo que yo siempre había soñado: un castillo hermoso con mi apuesto Rey y mis príncipes azules, porque estoy convencida de que ese príncipe azul con el que soñamos de niñas no es el esposo sino el hijo, y yo tengo dos hermosos príncipes.

Otra vez nos fuimos a Miami con los abuelos Mario, Carmen, y mi tío Álex, y aunque estuvo más tranquilo, no nos salvamos del *shopping*, de *mall* en *mall*, de tienda en tienda. Nuestras carriolas servían para cargar las bolsas de todos; yo sólo rezaba para que el peso de éstas no me ganara y me pegara en la cabeza. Afortunadamente no ocurrió; lo que tampoco pasó fue que comiéramos bien. Por más que mi mamá nos ofrecía, nada. Ahí se fue cargando una caja de Gerbers, mismos que regresó. Lo que ella no entiende es que de vacaciones no se antoja comer sino helados, Cheetos, chocolates, galletas. Yo no sé por qué no consideran todas estas cosas como buena comida si saben muy ricas.

También nos llevaron a un museo a ver unas cosas espantosas. Si eso es arte… De tu arte a mi arte…

El que se pasa es mi hermano Carlo. Estábamos de compras en *Dadeland Mall* y nos sentamos a descansar un rato, cuando se acercó un niño que no hablaba igual que nosotros, bueno, la verdad es que nosotros todavía no hablamos pero él sí. Era un gringuito y ya saben ustedes cómo son esos niños. Parece que les meten anabólicos en la mamila o yo no sé qué, son gigantes. La cosa es que ahí estaba amedrentando a mi hermano. Al principio, Carlo tentó la situación, medio cohibido, hasta que se animó a jugar y, con timidez, le gruñó. El niño se asustó y empezó a correr. Carlo, más dueño de la situación, lo seguía, y rugía cada vez más fuerte. El niño corría y gritaba: "Mom, help me, help me". Todos riéndose, hasta que el gigante se armó de valor y empezó a hacer movimientos de karate. Se sentía *Kung Fu*, daba patadas y manotazos mientras gritaba. Mi abuelo se acercó para detener al elefante bebé por si le hacía algo a mi hermano, pero Carlo, tranquilo, lo observaba, le dio sus cinco minutos de fama y le volvió a rugir como todo un león. El niño pegó un brinco, que casi se estampa en el techo, y volvió a correr atemorizado. Nos estábamos divirtiendo hasta que mi mamá paró el juego pues ya nos teníamos que ir.

Al día siguiente, celebramos el último día del año. Fuimos al mismo restaurante del año pasado... y como el año pasado, mi papá llegó ese mismo día, pero esta vez más tarde y más cansado; casi se queda sin cenar. No entiendo en qué trabaja o con quién, pues lo hacen hasta el último día del año. Lo bueno fue que llegó y pudimos festejar.

¡Feliz 2007!

Regresando de las vacaciones mi mamá se puso a chambear en serio, porque empezó la gira del programa "Hoy". A algunos lugares pudimos acompañarla, como a Oaxaca; a pesar del momento social y político tan delicado por el que estaba atravesando el estado, todo salió muy bien, y lo importante es que le fuimos a alegrar el día a mi mamá. La verdad la pasamos súper. Ella está tan loca, y se le ocurre cada cosa para divertirnos, como ir al

mercado a comprar una pi-
ñata, y dulces, sin importarle que el personal de seguridad se apanicara con el
hecho, pues el ambiente
había estado muy alterado
y violento, pero mi mami
confiaba en la gente, decía
que no nos iban a hacer
nada, y así fue. Todas las
personas se portaron muy
lindas, hasta nos cuidaron
en el puesto de los jugos
mientras ella daba autógra-
fos. Para ese momento, los
guardaespaldas sí estaban
sudando, pues se empezaba
a juntar cada vez más gente
y nosotros ya no queríamos
irnos, estábamos muy divertidos probando todos los
sabores y moviéndole a las
garrafas con un cucharón.
Después de comprarnos unos

En Oaxaca.

En el mercado.

Descansando.

trajecitos típicos, nos fuimos al hotel a romper la piñata: "Dale, dale, dale, no pierdas el tino, porque si lo
pierdes...".

Lo que es la intuición materna: el 8 de febrero me quedé
sin enfermera, y mi mamá me hizo favor de cuidar a los
gordos en lo que yo iba a trabajar. Terminando, como
siempre, me fui a la casa. Cuando llegué, mi mami ya
no estaba y Lucy, mi asistente doméstica, me dijo que
Carlo se había caído y se había doblado la manita. En
eso él se despertó y me enseñó dónde se había pegado.

Yo, de payasa, le dije: "¿Te duele? Vamos al hospital ahorita". Le grité al chofer, y pedí a Lucy que se quedara con Luciano, enseguida nos fuimos al hospital. José Luis se me quedaba viendo muy preocupado como diciendo: "La que necesita un doctor, pero urgente, es ella", y yo, como si nada. Cuando llegamos al hospital reconocí que estaba exagerando, pero bueno, ¿qué podía hacer? Ya estábamos ahí. Había ambulancias con niños que venían de la escuela, con brazos rotos, collarines, uno de ellos no aguantaba el dolor de su pierna, y yo queriendo que Carlo por lo menos me hiciera un berrinche, pero nada, estaba tranquilo. Llegó el doctor y puse a prueba mis dotes de actuación: "Doctor, no me explico qué pasó, mi hijo era un grito de dolor antes de entrar aquí, y mírelo, milagrosamente se calmó. Seguro no es nada, muchas gracias, adiós". Él me contestó: "Qué bueno que vino, señora, vamos a hacerle unas radiografías para estar seguros de que no le pasó nada".

Pues claro, ¿qué pen… saba? Yo juraba que me iban a dejar ir sin sacarme más dinero, pero la culpa no fue de ellos sino mía. Y para no hacerte el cuento largo, Carlo salió de allí con su bracito enyesado. ¡Sí!, como lo oyes: tuvo una fisura importante y, si lo dejábamos así, con lo inquieto que es, en cualquier caída se podía romper el hueso. ¿¡No te digo que la intuición materna está gruesa!? Más vale pecar de exagerada que de negligente.

Fue nuestro cumpleaños y mamá nos hizo los pasteles, uno para mí y otro para mi hermano Carlo. Mi abuela llevó las quesadillas, y todos se acordaron del día que nací, bueno, de un día antes: los abuelos visitaron a mi mamá, llevaron quesadillas y ella se comió como "diez con rajas". Tuvo su primera contracción a las 7 de la tarde, la siguiente a las 8. Mi abuelo le decía: "Yo creo que ya es hora". Pero ella seguía comiendo. Sólo la interrumpió otra contracción a las 9 de la noche. Ya se habían ido los abuelos cuando le dio una más. Mi tío Álex, que en ese entonces estaba viviendo por un tiempo con mi mamá, la ayudó a subir las escaleras mientras ella le decía: "Yo creo que comí demasiado".

Siguió con el dolor hasta que llegó mi papá, y horas después le hablaron al doctor, quien dijo: "Tráiganmela al hospital"... Y el dolor de estómago está aquí bailando y riendo, o sea yo.

La pasamos muy bien en nuestra celebración privada. Esta vez no pudo llegar mi abuelo, pues está dando clases, y mi papá, como siempre, trabajando. La

verdad es que casi nunca lo vemos. Sólo un ratito mientras mi hermano y yo desayunamos. Nos da un beso y luego se va a almorzar a Sanborns con mi abuelo Ramón.

Donde también la pasamos muy bien fue en nuestra gran fiesta, que se hizo en un salón con muchos niños, regalos y gente, pero ni mi hermano ni yo quisimos saludar a nadie, preferimos llenarnos de arena, jugar con las pelotas, subirnos a un pony, correr, etcétera. Lo que no me gustó fue un señor que iba vestido con una capa negra, quien sacaba de su sombrero arañas, patos y hasta un búho; yo sí me asusté, la verdad, mi hermano se vio más inteligente: se fue a dormir. A mamá no le hizo nada de gracia cuando estaba en la alberca de pelotas con una niña como yo, y de pronto se me antojó jalarle el pelo en lo que nos tomaban una foto. A la niña tampoco le gustó, y se puso a llorar. ¡Ay, tú, no aguanta nada! Mi mamá estaba apenadísima y me regañó horrible. Tuve que pedirle perdón y prometerle que no lo iba a volver a hacer.

A pesar de que no estuvo bien lo que le hice a mi amiga, mamá nos llevó al día siguiente al teatro a ver a mi personaje favorito: el amigo Barney, que también fue a mi fiesta a bailar conmigo. ¡Yo estaba feliz!

Del 5 al 9 de marzo, me fui a Chiapas. Esta vez no llevé a mis hijos. Los extrañé un chorro, aunque también creo que está bien de repente tomarse un descansito, fui a trabajar, y finalmente ellos no hubieran estado en su espacio, con sus juguetes, películas, etcétera. Además, Juan me alcanzó, él fue de trabajo, y nos regresamos juntos porque el viernes volábamos a Laredo, Texas, para nuestra cita con el doctor Unruh.

Le enseñé, como siempre, la terapia grabada y le gustó. Nos fue muy bien. Ahora quiero compartir contigo lo que le mandó:

1. Masajear con los nudillos sus cuatro extremidades. 30 segundos cada una.
2. Gateo. 2 minutos.
3. Hacer que haga puntitas. 1 minuto.
4. Poner una escalera en el suelo y hacer que camine solo sobre ella. Si no puede al principio, le podemos ayudar un poco hasta que lo haga por sí mismo (equilibrio). 2 minutos.
5. Que camine solo sobre una colchoneta de aire. Si no puede, lo ayudamos hasta que sea capaz de hacerlo. 15 segundos.
6. Presión profunda en los labios (para darle tono al área de la boca). 30 segundos.
7. Soplar. Darle variedad: flauta, popote, velas (te recomiendo las de números, así matas dos pájaros de un tiro, etcétera). 1 minuto.
8. Leerle un libro con dibujos, en voz baja y expresiva, y de vez en cuando pedirle que señale algo del libro con el dedo índice (atención). 2 minutos.
9. Decirle una oración incompleta para que él diga lo que falta. Por ejemplo: "El chango come…". "A Luciano le gusta tomar…" (lenguaje). 1 minuto.
10. Darle órdenes con preposiciones: en, sobre, arriba, abajo, adentro, afuera; en voz baja. Ejemplos: "Pon tu mamila arriba de la mesa, los platos dentro del fregadero, la ropa dentro del cesto, tu caballito debajo de la silla", etcétera. 2 minutos.
11. Balanceado en una hamaca. 2 minutos.
12. Presiona su cabeza con tus dos manos: presionas, sueltas, cambias de lugar. 1 minuto.
13. Ponerle tapones en los oídos. 1 hora al día.

Estos ejercicios se los mandó el doctor a Luciano tras constatar lo que él necesitaba, como equilibrio, meter la lengua, atención, lenguaje, etcétera. Así que pregúntale a tu doctor o terapista si estos ejercicios le sirven a tu hijo. No olvides que cada niño tiene necesidades diferentes.

Ese fin de semana sí estuvo movido. El sábado, saliendo del consultorio del doctor, volamos a Toluca. Pasamos por mi hermano y nos fuimos a Cuernavaca ¡a nadar! En la tarde, regresamos a México.

Qué emoción sentí cuando fui a pedir informes a una escuela regular para meter a los niños, pues me dijeron que sí aceptaban a Luciano. Quieras o no, tenía un poco de miedo de que lo rechazaran. Por el contrario, me informaron que tenían varios pequeñitos especiales y que al resto de los niños les enseñaban a convivir con ellos. También fue muy emotivo cuando mi bebé, Carlo, se graduó de DEI el sábado 24 de marzo, aunque me sentí un poco fuera de lugar pues los últimos meses lo llevó mi mamá debido a que yo estaba trabajando en el programa. El tiempo que estuve en DEI no tuve oportunidad de conocer bien a las mamás ni a los niños, es más, no me sabía el nombre de ellas ni de sus hijos; en el caso de Luciano sí hice amigas, varias veces fuimos a desayunar juntas después de finalizar la clase; incluso luego de terminar el curso, nos hemos seguido reuniendo para cenar. En fin, ahí estaba yo muy emocionada queriendo que todos participaran y sintieran lo que yo sentía, pero claro, no siempre es así. Juan estaba distraído, platicando con mi papá. Mi mamá, cuidando a mi sobrino Nico, y yo, sola, tomando fotos.

En realidad sentí muy feo, no por mí sino por Carlo. Sé también que está muy chiquito, pero les aseguro que de alguna manera siente, y se da cuenta. Tan sencillo como en el caso de las fotos: de la graduación de Luciano hay cuarenta, y de Carlo, si tengo cuatro, son muchas. Sin embargo, eso nadie me lo entiende, no sé si estoy exagerando pero yo sí estaba muy sacada de onda. A la hora que nos iban a dar el diploma, le llamé a mi mamá, pues ella también se lo merecía, bueno… paré la ceremonia buscando quién nos tomara la pin… pintoresca foto, porque los señores seguían en su rollo, alejados; estoy segura de que ni cuenta se dieron de lo que hizo Carlo. Y luego pusieron cara de: "¡Mmm, ésta ya se enojó! Carajo, nada la hace estar feliz". Y yo sin poder explicar en ese momento mis sentimientos, pues pensaba que era cursi, y al mismo tiempo, creo que tenía razón. Carlo también se merece que lo festejemos y le aplaudamos todos sus éxitos, ¿o no?

Graduación de Carlo en DEI.

Y bueno, así como le aplaudo y lo festejo, también lo corrijo. Recuerdo una vez que Luciano estaba llorando por algo, Carlo se acercó y empezó a imitarlo. Nuestra primera reacción, de la enfermera y mía, fue reírnos, pero inmediatamente vi el efecto que esto provocó en Luciano: puso su carita triste y lloró más. En ese momento entendí y paré las risas. Carlo seguía divertido, burlándose de alguna manera de su hermano, así que le dije: "Carlo, mi amor, no te burles de tu hermano, ¿a ti te gustaría que yo me riera cuando tú lloras? No, ¿verdad?, entonces no lo hagas y no dejes que nadie, nunca, se ría de tu hermano". En ese momento paró de hacerlo y abrazó

a Luciano, él le respondió. Nunca más ha vuelto a bur-
larse de él.

Te sonará exagerado pero creo que estos pequeños
detalles pueden marcar la diferencia. En esa ocasión
pensé: "Si yo permito que Carlo se ría de su hermano,
todo el mundo lo va a hacer". El respeto para cualquiera
de mis hijos empieza en casa.

Ahora quiero platicarles acerca de algo que dejé
hasta ahorita a propósito. ¿Se acuerdan que cuando
nació mi hermano sentí coraje y celos? No quería que
nadie me quitara la atención o el amor de mis padres,
abuelos, tíos. Creía que Carlo era un intruso, pero fue
pasando el tiempo y me he dado cuenta de que finalmente no es tan malo, por el contrario, me ha ayudado mucho. Por él me animé a caminar. Cuando lloro
se acerca a ayudarme, y ahora que estamos más grandes, jugamos mucho, brincamos en la cama de mi
mamá, corremos, practicamos luchitas, echamos
papel al baño, hacemos travesuras juntos. Cuando él
es tigre, yo soy león. A veces hacemos cosas que a mi
mamá no le gustan mucho, pero nosotros nos divertimos bastante.

Somos un buen equipo: yo canto, él baila; yo toco el
tambor, él la guitarra, etcétera. Claro que también
nos peleamos, pues yo quiero algo que él tiene y no
me lo quiere prestar, o me quiere quitar algo que yo
tengo, y bueno, que ni se atreva, porque aunque me
ven tranquilo soy una fiera cuando me enojo. Pero
también nos han enseñado a compartir, a pedir lo que
no es nuestro, y sobre todo a decir perdón. Claro, en
eso ha tenido mucho que ver mi mamá, porque
NUNCA ha hecho diferencias, ni para bien ni para
mal, nos trata igual, nos da la misma cantidad de
besos, nos regaña por lo mismo, y no nos sobrepro-

tege. Es más, les cuento: hace tiempo me caí y mi mamá en vez de correr a levantarme, me dijo: "Levántate mi amor. No siempre voy a estar junto a ti para levantarte". Mi hermano quiso ayudarme, y mi mamá suavemente le dijo: "Carlo, deja a tu hermano, él puede solo. Gracias".

¡Claro que puedo solo! Ya que me levanté, mi mamá me dijo: "Muy bien hecho, ¿quieres que te abrace?". "¡Pues claro!", dije yo, y nos abrazó a los dos. Puede sonarte un poco duro pero yo se lo agradezco porque me ha enseñado a valerme por mí mismo y confía en mí. Me ha enseñado a estar con mi hermano pero no permite que él haga las cosas en mi lugar; ella da responsabilidades a cada uno, respeta el ritmo de cada quien. También nos inculca el ofrecer una disculpa cuando uno lastima al otro; nos ha enseñado que llorar o tener miedo no es malo, así como a estar juntos, aunque Carlo sí exagera: la otra vez iba subiendo las escaleras de la mano de Malena, mi terapeuta, cuando él nos vio y se puso a gritar como loco: "¡Mamá, mamá!". De un golpe me separó de Malena y le gritó: "¡Tú no!, ano (así me dice) ¡ano mío!, ¡mío!". Me abrazó y no me soltaba: por más que mi mamá le explicaba que iba a mi terapia, él no entendía, y se quedó llorando, así como yo lo hago cuando mi mamá lo regaña. Si se pega con algo, le doy un beso y sé que con eso se siente mejor, es un gran compañero.

¡Lo quiero muchisísimo!

De verdad me impresiona cómo se aman, pues por más que no quiera pensar en el día de mañana, es inevitable, y si el deseo de toda mamá es que sus hijos se lleven bien entre sí, en mi caso más. Sé que tarde o temprano se van a necesitar, cuando yo ya no esté. He tratado de ser justa, de enseñarles y amarlos por igual. Sé que cada quien tiene su personalidad y su carácter, por eso los quiero a cada uno como ÚNICOS que son.

Y te confieso algo: se me olvida que Luciano tiene síndrome de Down. Para mí es sólo un niño hermoso, guerrero, amoroso y travieso como Carlo.

Ojalá sigan así toda la vida.
¿No es hermosa esta imagen?

Así como hay cosas muy lindas y conmovedoras, también he vivido momentos de desesperanza y frustración. En la escuela adonde los voy a meter me pidieron una evaluación de Luciano para ver en qué nivel estaba. Nos tardamos en llegar a la cita porque nos perdimos, hacía un calor insoportable. Yo francamente ya estaba desesperada cuando por fin llegamos. Me hicieron varias preguntas (muchas respuestas las dije sólo por decirlas pues sinceramente no tenía el dato exacto en mi mente), como ¿cuándo sostuvo por primera vez su cabeza?, ¿a los cuántos meses, con días, se sentó? La verdad no me acordaba, sé que debí anotarlo pero no lo hice, así que si tú estás a tiempo, tómalo en cuenta. Bueno, después de la entrevista venía la acción. A Luciano le pidieron aventar la pelota y no lo hizo, no hacía caso, quería jugar con todos los juguetes que había ahí. Le pidieron hacer un círculo en un papel y empezó a picotearlo con el lápiz, luego lo rompió. Lo quisimos calmar y se puso peor, gritaba, se echaba para atrás, pataleaba, en fin, como nunca se había portado.

Yo sólo vi que la chica hacía notas y lo observaba. Salí de ahí llorando, me sentí frustrada porque sabía que muchas cosas que le pidieron las sabe hacer, jamás se había comportado así. Supuse que el resultado no iba a ser muy bueno y, sollozando, le dije: "Amor, te portaste ¡terrible!... terrible, pero aun así te quiero". Y aunque me sonrió como disculpándose, no pude quitarme esa tristeza que sentía. Te repito, se me olvida que mi Luciano tiene síndrome de Down, pero estas situaciones hacen que lo recuerde y me entran muchos miedos. Pensé: ¿va a poder con la escuela?, ¿lo van a aceptar?, ¿lo rechazarán?, ¿qué va a pasar?, ¿así se va a comportar siempre? En fin, me dolió mucho y en verdad estaba muy triste. Repito, no por lo que no sabe hacer sino por lo que no quiso hacer. También me di cuenta de lo que no hace y supuestamente ya debería hacer un niño de su edad. Cuando te enfrentas a la realidad, es duro.

En la tarde, ya más tranquila, pensé: "Si no quiso hacer lo que le pidieron, a lo mejor fue porque él también estaba cansado, acalorado, frente a una señora que ni conocía, y quería hacerse el chistoso. Lo que no hizo, todavía estoy a tiempo de enseñárselo, sólo tengo que trabajar más".

Por otra parte, como es mi primer hijo, no sé qué es lo que se supone debe hacer. Ahora tengo una buena terapeuta que me guía en ello, pues he de contarte: antes de lo que pasó yo había hablado por teléfono con la directora de una escuela para niños especiales, le expliqué el caso de Luciano y me dijo: "Claro que lo vemos, señora, a ver qué se puede hacer, pues como usted ya estará consciente, este tipo de niños a duras penas terminan la primaria y muy pocos acaban la secundaria; después de eso hay que buscarles una distracción o tenerlos en casa". Y yo le contesté, bastante decente (aunque comprenderás que pude haberle dicho lo que tú estás pensando): "Ay, señora, qué pena me da, pero escuchándola me doy cuenta de que su escuela no está al nivel de mi hijo. Yo creo en él y sé que va a llegar muy lejos, pues al menos ni él ni yo tenemos ese espíritu tan mediocre que usted posee. Buenas tardes".

Y además, te tengo noticias: hoy en día hay varios muchachos con síndrome de Down en la universidad, que han dado excelentes resultados y, dicho por los profesores, son un ejemplo para los demás alumnos. Y para tranquilidad mía, el resultado de la evaluación salió bastante mejor de lo que creía. ¡Sí lo aceptaron en la escuela! (en el mismo grado de Carlo). Y yo azotándome por las paredes.

En agosto fue la Primera Comunión de mis primos Luis Mario y Andrea, y mis papás fueron los padrinos. Nos encanta estar con mi tío Mario, es muy chistoso y cariñoso, y aunque al principio le teníamos miedo, pues es bastante alto y tiene bigote de morsa, ahora jugamos mucho con él. Además siempre nos toma en cuenta, aunque esté con mis primos tiene tiempo para nosotros. También con mis primos Miguel, Fer y Nico jugamos bastante. La que se veía muy contenta era mi mamá, pues le encanta estar con sus tres hermanos. Siempre han sido unidos, y se quieren mucho. Se la pasan platicando de las travesuras que hicieron cuando eran niños, y por lo que he es-

cuchado eran tremendos. Con decirte que cuenta mi abuela que un día, llorando, dijo: "¡No tengo hijos, tengo monstruos!"... ¡Y se quejan de nosotros!

Es maravilloso tener bisabuelos, yo tengo dos, el papá de mi abuelo Mario, y la mamá de mi abuela Carmen, que acaba de cumplir ¡noventa y cuatro años!, y está como si nada, siempre pendiente de todo... ¡mujer tenía que ser! Mi abuela, su hija, está en los *sixties*. Y mi bis todavía le dice con "acento yucateco" (pues aunque lleva más de ochenta años en la Ciudad de México no se le quita): "Carmen, ponte tu suéter, te vas a enfermar", "Leticia, ese ninio se va a caer", "no los beses en la boca, tienes muchos microbios". Siempre nos acompaña a comer, de viaje, al cine, le encanta el

teatro y nos hace unos tamales, unos panuchos y una cochinita pibil que ¡mmm! Ahora está feliz festejando su cumpleaños. Tiene una energía y unas ganas de vivir que pocas personas poseen, y mi bis Enrique ni se diga, él tiene noventa y cinco años y siempre está bien y de buenas, baila padrísimo, entre *break dance* y convulsiones rítmicas. Todas quieren bailar con él. Yo trato de seguirlo pero todavía no me salen sus pasos, a mí me gusta dar vueltas y gritar.

A mi bis Enrique le gusta mucho bailar, nadar y cantar. Él cantó ópera en las zarzuelas, con los papás de Plácido Domingo, y déjame contarte una puntada que tuvo mi mamá. En diciembre de 2002, ella filmó con el tenor el video "Quiéreme mucho", en Acapulco. Ahí le platicó la anécdota y le habló por teléfono a mi bis Enrique para decirle: "Abuelito, aquí hay alguien que te quiere saludar". Era Plácido Domingo. Claro que la producción no estaba muy feliz, pues se quedaron horas platicando, pero mi mamá sí estaba contenta y agradecida con el señor por ser tan sencillo y haberle dado esa alegría a mi bis.

A mí me fascina que él me cante. Mi canción preferida es "Amapola". Lo veo embelesado, con la boca abierta (bueno, casi siempre la traigo así, pero en esas ocasiones es de éxtasis). Cuando termina, le doy una ovación para que se acuerde de su buena época. Lo adoro.

27 de octubre.

Nos tocaba la cita con el doctor Unruh, y Juan no me acompañó, me dolió muchísimo pues tenemos un compromiso con nuestro hijo. Lo que más me desconcertó fue que aparentemente no había ninguna razón para que faltara. Lo bueno fue que el doctor encontró muy bien a Luciano: ya habla más, repite los finales de la frase como preguntando. Por ejemplo, si le digo: "Está lloviendo", él dice: "¿lloviendo?", y si digo: "Sí, vamos a meternos a la casa", él dice: "¿meternos?", "¿cacha?".

Se escucha tiernísimo, además, entiende el inglés. Cuando fuimos con el doctor, le dije: *"Say hi to the doctor"*, y Luciano le dijo: "Hola doto uru". Luego el doctor me preguntó: *"Is he happy at school?"*, y Luciano le contestó: "Sí". Entonces el doctor se dirigió a él: *"Are you happy at school?"*. Y el niño le respondió: "Sí". Luego lo cuestionó: "*Is your teacher nice with you?*". Luciano dijo efusivo: "Sí".

Por supuesto, yo le tuve que preguntar a la traductora de qué hablaban, pues no hablo bien inglés. El doctor, feliz, Luciano hizo todo lo que le pidió, así que le dijo: "*Luciano, congratulations, I'm so happy for you*". Y mi hijo le respondió: "achas (gracias)". Ni yo me la creía. Sí le hablo en mi "nativo" inglés, pero nunca pensé que lo entendiera al grado de ignorarnos a mí y a la traductora, y de dejarme en ridículo. Para la próxima lo mando solo.

Al doctor tuve que explicarle la situación por la que estaba pasando, y aunque se sacó mucho de onda, me felicitó, dijo que estaba manejando muy bien las cosas en relación con mis hijos, pues no notaba ningún cambio desfavorable. Eso de ser actriz tiene sus ventajas a nivel personal.

Le volvió a mandar:

1. Gateo. 3 minutos.
2. Seguir haciendo puntitas, para ayudarle a su arco del pie.
3. Caminar sobre una línea, para mejorar su equilibrio.
4. Frases incompletas para que él diga el final (lenguaje).
5. Que imite canciones como "Pimpón", "Huitzi-huitzi araña", etcétera. (La idea es que siga los movimientos y trate de cantarlas.)
6. Memorama.
7. Hacer círculos, semicírculos, rayas horizontales y verticales (escritura).

Otra terapeuta le mandó:
1. Diferenciar círculo, triángulo, rectángulo y cuadrado.
2. Ejercicios de escritura. (Unir puntos.)

Después de la visita al doctor Unruh, regresamos a México y me operé de las rodillas. Lo que más me dolió fue no poder estar con mis hijos; no los dejaban acercarse a mí, ¡no me fueran a lastimar! Por supuesto no los pude cargar por un mes y ellos estaban bien sacados de onda pues me veían en la cama y no podían estar conmigo. Carlo lo entendió más, entraba a mi recámara a darme un beso y se salía; Luciano entraba y quería jugar conmigo, me daba un beso en la rodilla y pensaba que con eso me curaba; insistía en jugar hasta que se lo llevaban casi a rastras, llorando, y más lloraba yo. Por supuesto, la situación repercutió en la escuela: llamaron para avisarme que Luciano estaba grosero y poco participativo, les expliqué la situación y les pedí que le tuvieran un poco de paciencia. En cuanto empecé a mejorar, su comportamiento también. Paso a paso me aliviaba de las heridas de mis rodillas, las del corazón tardarían un poco más.

Navidad 2007

Lucy y José Luis se fueron de vacaciones, y mi mamá aprovechó para dejar la casa tan limpia y desinfectada como un quirófano. Cualquier mujer podría celebrar aquí el nacimiento de su bebé, y bueno, de algún modo sí, empezó una nueva vida para mi mamá, para mi hermano Carlo y para mí.

Ella estaba súper emocionada preparando la cena, le tocó hacer la sopa de codito con atún que hacía mi bis Virginia (la mamá de mi abuelo Mario; a ella no la conocí pues murió hace cerca de veinticinco años). La casa olía a madera, canela, manzana, y claro, a comida, pues también le tocó a mamá hacer la ensalada y el postre. Como no sabe calcular las cantidades, tres días después estábamos comiendo lo mismo. Lo bueno es que le quedó rico, que si no... Fuimos pocos, y eso le dio oportunidad de poner muy bonita la mesa, bases plateadas, vajilla blanca, copas, velas, y un lugar extra que siempre coloca en esta fecha. No deja a nadie sentarse ahí, pues dice que es para el invitado principal. Aunque no creo que sea muy especial, o estará a dieta, porque sólo le puso pan y vino, acompañados de una vela que durante la cena estuvo prendida. Bueno, eso es lo que me contaron porque luego de ver a mi mamá correr de un lado a otro terminamos acostados y abrazados frente a la tele en un mini rato que ella decidió descansar. Mi hermano Carlo y yo nos quedamos dormidos, mami juraba que nos íbamos a despertar cuando llegaran los invitados, pero está loca, ¡si estábamos cansadísimos! Ni siquiera los ruegos de mi abuelo Mario funcionaron.

En fin, ella siguió, no sin antes decirnos que papá no iba a llegar, y que a partir de esa fecha no lo haría nunca más (siempre llegaba cuando estábamos dormidos, pues festejaba en casa de "su" familia, con la cual nunca pasamos una Navidad; sólo recuerdo haber estado con ellos un Año Nuevo en Acapulco, mi hermano todavía estaba en la panza de mi mamá). Y aunque ella la pasó muy bien, muy contenta, atendiendo a la familia, abriendo regalos, tomando fotos y cenando como pelona de hospicio, después de que se fueron los invitados y dejó la casa como quirófano otra vez, fue cuando la escuché llorar en el baño, donde fumaba y dizque jugaba computadora. Yo desde mi cuarto le grité: "Mami, no te preocupes, vamos a estar bien. ¿No somos unos guerreros? ¿No somos una familia? Y como te dije cuando nací, estoy aquí para hacerte feliz, te voy a cuidar y proteger de todo. No quiero escucharte llorar más, Carlo y yo siempre vamos a estar contigo; aunque mi hermano algún día decida hacer su propia familia, nunca se va a separar de nosotros. Siempre he pensado que él va a ser como tu novio, y aunque existan otras mujeres en su vida, nunca te va a dejar de querer, pues el amor que te tiene no se compara con ningún otro. Además, se ve que también babea por ti... no dejará de venir a casa por un consejo, un comentario, por compañía, a jugar luchitas, por un beso en la pompi derecha, un apapacho, un abrazo, ¡tal como lo hace ahora! Y yo seré como tu esposo, ese que siempre va a estar a tu lado. Seré tu compañero, tu amigo fiel, cómplice de tus locuras... ¡y mira que se te ocurre cada cosa! Viajaremos por todo el mundo buscando los mejores helados y cafecitos, nos vamos a divertir mucho, o ¿no se trata de eso la vida? ¡Mami, te quiero, no lo olvides nunca!

Creo que la hice sonreír, y la llegada de Santa me ayudó a sacarle unas sonoras carcajadas. Claro, es que mi hermano Carlo y yo hicimos unas caras al ver todo lo que nos trajeron; ahora mi mamá lloraba, pero de felicidad. Parecía niña chiquita gritando cada vez que abríamos un regalo, quiso armar todos los juguetes ese día, aunque no pudo con un zoológico, ¡estaba traumada! Quería poner un aviso en el periódico para convocar a todos los arquitectos e ingenieros de México a que le ayudaran, pero el saber que la familia entera estaba por llegar al recalentado la hizo reaccionar. Ese día sí fue un caos, estábamos mis abuelos, los tíos Mario y Miguel con sus respectivas familias, Álex, mi bis Lili, mi bis Enrique, la tía Lupita con mis primos Danny, Beto y Enrique, Rafa, Clemen, la enfermera, y nosotros. Mi mamá volvió a comer como loca (luego se queja de que los pantalones no le cierran).

Luciano.

Carlo.

Miren a mi bis, ¿no es un tipazo?

La pasamos súper. Risas por aquí, risas por allá, ¡ah!, y más regalos. Eso me gusta mucho. Cuando todos se fueron, mi mamá no sabía por dónde empezar, si por el área de fisioterapia (cuarto de juegos), por el laboratorio (la cocina), por los cuneros (nuestras recámaras) o por los quirófanos (sala y comedor). ¿Y qué crees?, ¡lo logró!, tardísimo pero lo logró. Dejó todo tan limpio que, como dije antes, cualquier mujer podría tener un parto en la casa.

Aunque estaba cansadísima, no cesó en la idea de meter música a su iPod para bailar en Año Nuevo.

Días después nos fuimos a Cuernavaca, y aunque nosotros llegamos enfermos de gripa, no nos importó. ¡Fuera ropa, venga el traje de baño, y a la alberca! Mi mamá amenazó con vaciar el agua de la piscina si no salíamos a comer, así que mis primos y nosotros tuvimos que hacerle caso. Mientras tanto, los tíos Mario y Rafa conectaron el nuevo estéreo e hicieron funcionar su famoso iPod. ¡Ella estaba feliz! Mientras nosotros le hacíamos honores a la música que grabó bailando por toda la casa, mi tío Mario se trepó por las paredes como el hombre araña para colgar las bocinas. Ese cuate le sabe a todo, también me enseñó a decir: "¡Fíjate huey!". Todos se reían porque lo repetía clarito, y como mi tío Rafa me molestaba queriéndome quitar mi helado, aprendí a decirle: "¡Estate quieto!, ¡déjame en paz!", lo que causaba el mismo efecto. Y Carlo se sentía el novio de la Sirenita, por poco le salen escamas.

Estuvo increíble, aunque le hicimos la misma jugarreta a mi mamá: el último día del año, mi hermano Carlo y yo nos fuimos a dormir a las siete de la tarde. ¡Mami, tienes que entender que ser los anfitriones cansa! Las risas y la música se oían hasta Acapulco, y a pesar de todo el ruido, yo me dormí tranquilo porque vi a mi mamá feliz, riéndose, en paz, con los suyos, bailando a pesar de que todavía no estaba bien de sus rodillas... De repente, escuché: "¡cinco, cuatro, tres, dos, uno!... ¡Feliz año!". Vinieron las uvas, las copas de champaña, los abrazos, muchos besos, buenos deseos, lágrimas, una gran hermandad, y el amor... ¡Feliz 2008!

Por ahora, doy por terminado este pequeño recuento de los grandiosos primeros años de mis hijos, no sin antes decirles que me siento una persona muy afortunada porque Dios me eligió para encomendarme una misión especial: ser feliz y enseñar a mis hijos a ser felices, trabajar por ellos, dedicarme a ellos, tratar de hacer mi papel de mamá lo mejor posible y, para eso: hay que estudiar, leer, prepararse, dedicarse con todo el amor que sólo una madre siente por sus hijos. Sé que la tarea puede ser dura, difícil en ciertos momentos, pero estoy segura de que la recompensa será invaluable.

Gracias Luciano, gracias Carlo por haberme elegido como mamá y creer en mí. Les prometo que haré mi mayor esfuerzo para no fallarles. ¡Los amo!

Mis amores.

FIN

Anexo A

Terapias

Los bits de inteligencia son cartoncillos de 30 x 30 cm, con dibujos de varios temas. Ejemplo: **Frutas**: manzana, pera, sandía, uvas, plátano. **Animales**: perro, león, elefante, chango, caballo. **Jardín**: pasto, banco, árbol, resbaladilla, columpio. Etcétera.

Sólo debe ir el dibujo, sin más distracciones. Puedes comprar pósteres o recortar imágenes de revistas. También hay otro estímulo que no falla: ¡la calle!, sí, ¡sácalo!, que vea los árboles, los coches, los aparadores de un centro comercial, más gente, el parque. Canta o platica con él, explícale qué están viendo, dónde están, a qué huele, qué están escuchando. En fin, hay tantas cosas que tu hijo tiene que conocer.

"No te avergüences de tu hijo, no hagas que él se avergüence de ti."

Yo le hice una carpeta grande con diferentes temas:

Seguimiento visual: con una sonaja lleva sus ojitos hacia arriba, abajo, y de un lado a otro, en círculo (en dirección

de las manecillas del reloj, y luego al lado contrario). Los movimientos deben ser lentos.

Otro ejercicio es apagar la luz, y acostarte con él en la cama, boca arriba. Prende una linterna en el techo, muévela hacia arriba, hacia abajo, a un lado, al otro; apágala y préndela al lado del bebé, para que busque la luz. Muévela hasta que la descubra, luego apágala y préndela en el lado opuesto. Al principio los movimientos son en corto, poco a poco los vas abriendo.

Un consejo más: al rollo de cartón del papel de baño ponle *diurex* o cinta de diferentes colores combinados: azul y blanco, o rojo y azul, etcétera, y ruédalo en el piso. Estos ejercicios le ayudan a reforzar los músculos del ojo. Recuerda que éstos se terminan de desarrollar hasta los seis años, y si tiene nistagmus, esto le va a ayudar mucho. A Luciano se le movían bastante los ojos, y con estos ejercicios le disminuyó. Yo hice varios tubos de diferentes tamaños y colores y hasta la fecha mis hijos los tienen, ahora los agarran de binoculares o como altavoces.

Estímulo auditivo: diferentes sonidos: un portazo, animales, instrumentos musicales, avión, ambulancia, silbato, lluvia, olas, moto, chiflidos, etcétera. Debes explicarle al niño qué es cada cual.

Si puedes grabar un casete, mejor: sonido de turbina (dile "avión"); ladrido (dile "perro"); ring (dile "teléfono"), y así sucesivamente. Entre más sonidos sean, mejor. Cualquiera que se te ocurra. En todo esto lo que más vale es tu imaginación; pónselo cuantas veces quieras. A los niños les encanta escuchar sonidos, de hecho, cuando son bebés reaccionan ante cualquier ruido, por eso avientan los objetos, para oír cómo suenan.

Si el niño no oye bien, se vale que le pongas el volumen alto, cerca de su oído. Poco a poco le vas bajando y alejas el sonido. El volumen alto puede sonar violento, pero la idea es que él lo oiga y que la señal de sonido sea captada por su cerebro.

Si por el contrario el niño oye bien, lo correcto es escuchar la televisión y la música a nivel más bien bajo. Por ejemplo, cuando quiero que Luciano me ponga atención, le hablo casi susurrando, e inmediatamente deja lo que está haciendo, para ponerme atención. De verdad, esto de bajar el volumen funciona muy bien. Recuerdo a un profesor: por más que gritaba que guardáramos silencio, no le hacíamos caso; un día empezó la clase en voz baja y todos nos callamos. Puedes hacer la prueba con tus amigos del trabajo, háblales en voz baja y te aseguro que te van a poner más atención.

En las tiendas de discos ya hay cedés con diferentes sonidos. Búscalos como efectos especiales. Yo encontré de transportes, animales y naturaleza.

Estímulo táctil: Texturas: duro, suave, mojado, seco, frío, caliente, áspero, etcétera. Puedes usar algodón, un candado, plumas, plástico, toalla, seda, fierro, agua, ligas, esponjas, fibras, madera, gelatina, frijoles, arroz, harina, piel, barba, cabello, pasto, peluche, cepillos u otros. Sólo recuerda decirle qué está tocando, ejemplo: "Este es un algodón, siente qué suave es", "este es un estropajo, uy, raspa porque es áspero". Toca la taza de café y dile: "ay, está caliente", o el hielo: "está frío".

Otro consejo que te puedo dar es que mandes hacer una mesa con la base acolchonada, de 70 cm x 1 m x 1.10 m de alto. Pon un espejo en la pared que abarque casi toda la mesa (de 1 m x 30 o 40 cm), de manera que el pequeño se vea mientras trabaja. Te recomiendo que lo adornes con muñequitos o animales pintados en colores vivos. Sentado sobre la mesa, y viéndose en el espejo, es más fácil que el niño entienda lo que queremos lograr, como aplaudir o mostrarle una parte de su cuerpo mientras le decimos "esta es tu nariz, tu cabeza, etcétera".

Hipotonía

Por su hipotonía, los niños con síndrome de Down tienen mucha elasticidad y por consiguiente abren mucho las piernas. Con eso se les dificulta tener buen equilibrio, así que te comparto un consejo que me dio una señora: ponle un rebozo que abrace sus piernas y cadera cuando duerme. Otro consejo que te doy es hacerle un vaso de plástico con una lengüeta, eso le ayuda a meter la lengua cuando toma agua.

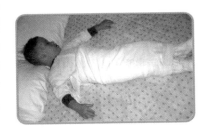

Material didáctico

Sé que el material didáctico puede ser muy caro, pero te doy algunos consejos:

Para la *escritura*: en una hoja dibuja algo, tanto del lado izquierdo como del derecho, a fin de que tu hijo una las dos imágenes con una raya. Al principio, ayúdalo hasta que lo haga solo; puedes recortar algunas figuras de las revistas o ponerle calcomanías.

Para que *recorte*: en una hoja haz una raya y al final un dibujo, y dile que con las tijeras siga la línea hasta la figura.

Para unir puntos, haciendo líneas.

Para recortar.

Para el *memorama*: corta una hoja en ocho piezas (yo las corto aproximadamente del tamaño de una fotografía 4 x 6 cm, y luego todo su material lo pongo en un álbum); dibuja dos círculos de color rojo, dos cuadrados verdes, dos triángulos azules y dos rectángulos amarillos, luego los enmicas (eso también lo puedes hacer tú: el papel para enmicar lo venden en las papelerías grandes). Es bueno enmicar las piezas para que duren, así no se rompen, no se arrugan, ni se mojan.

Rompecabezas: utiliza el dibujo de una fruta, de un coche o de un animal, y córtalo en cuatro como rompecabezas. Enmícalo. Corta otro dibujo en seis, luego en ocho, etcétera.

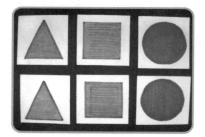

Memorama.

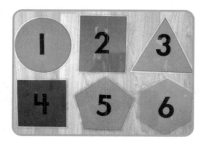

Formas y números.

Palabras con dibujo.

Opuestos.

Tarjetas de colores: Corta varias hojas tamaño carta en cuatro y cada parte ilumínala de un color diferente. Si puede ser con plumón, mejor.

Saca de las revistas imágenes de objetos del mismo color, y pégalas en un cuaderno en blanco, anotando el nombre del color en cada una.

De esta forma, puedes hacer tarjetas de animales, frutas, transportes, vocales, familiares, formas y números. Las de los números y vocales también hazlas con lijas, y pídele a tu hijo que siga con sus dedos la forma mientras tú le dices qué es.

Con este material puedes hacer muchas cosas:

1. Le enseñas en orden el material. Ejemplo: vocales (a, e, i, o, u). Haz dos veces cada vocal: mayúscula y minúscula. Ponlas en una mesa y pídele a tu hijo que acomode las repetidas sobre su par. También te puede servir como memorama.
2. Juega con él; dile "dame la e", "dame la i", etcétera.

Colores.

3. Ya que lo domine, le dices "dame la vocal con la que empieza aaaavión", etcétera.

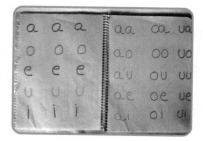

Vocales

Números con lija.

Números sin lija.

Para enseñarle verbos: de las revistas recorta acciones: alguien comiendo, llorando, nadando, durmiendo, bailando, caminando, gritando, etcétera. También de sentimientos: alguna persona feliz, triste, enojada, etcétera. Puedes hacerle una carpeta con preguntas: ¿quién es?, ¿cómo te llamas?, ¿cómo se llama? O decirle: "**Esto es** un pantalón, un árbol, un avión, un perro", o bien "**Yo quiero** sopa, leche, helado, carne", o "**Quítame mi** suéter, camisa, pañal".

Hay un método para enseñarlos a leer. Haz la palabra y enmícala; también el dibujo que corresponde a esa palabra, y enmícalo. Primero, enséñale la palabra y explícale lo que dice. Luego, muéstrale el dibujo de la palabra. Después ponle varios dibujos para que coloque la palabra en el dibujo que corresponde.

Como verás, sí se puede, sólo se trata de imaginación y dedicación.

Plato del buen comer

(en referencia a la página 76)

Anexo B

¿Qué es el síndrome de Down?

Es una alteración cromosómica en la cual existen tres cromosomas 21 en lugar de dos. Normalmente, todos tenemos 46 cromosomas en cada una de nuestras células: 23 cromosomas son heredados de la madre y 23 del padre, lo que da un total de 46 cromosomas o 23 pares de cromosomas.

Las personas con síndrome de Down o trisomía 21 tienen 47 cromosomas en cada una de sus células; este cromosoma extra se encuentra en el par 21.

Rasgos físicos característicos:

- Hipotonía muscular (bajo tono muscular).
- Aplanamiento del puente nasal.
- Fisuras palpebrales oblicuas.
- Cuello corto.
- Separación entre el primero y segundo dedos del pie.
- Hiperflexibilidad.
- Oreja displástica (alteración de hélix).
- Línea central de palmas de las manos (pliegue único).
- Lengua protruyente.

Diagnóstico:

Las características físicas pueden hacernos sospechar de un diagnóstico de síndrome de Down, sin embargo, sólo el cariotipo nos lo dará con certeza.

Cómo informar a los padres:

- El médico que tenga la mejor relación personal con la pareja deberá dar el diagnóstico en persona.

- En etapas prenatal y posnatal, informar a los padres cuando estén juntos, en un lugar privado. Ellos se lo dirán al resto de la familia.
- En etapa posnatal, puede haber rasgos físicos claros de síndrome de Down durante el posparto inmediato, sin embargo, es mejor esperar a que la madre se encuentre en recuperación o esté en condiciones de escuchar, para informarle.
- Tomar al bebé en brazos, llamarlo por su nombre y mantener contacto visual con los padres.
- Asegurarse de discutir el diagnóstico y responder preguntas en más de una ocasión, ya que quizá muchos padres no puedan asimilar tanta información en una sola entrevista.
- Es de suma importancia no predecir el futuro de cualquier niño; se debe utilizar la amplia gama de capacidades que tiene cada pequeño para desarrollarse individualmente.

Y de mi cosecha: los médicos deberían tener mucha más información sobre los cuidados, especialistas, terapistas, asociaciones, etcétera, que hay para los niños con síndrome de Down, y tratar la situación como una circunstancia, no como una tragedia. Desgraciadamente, hay médicos que aún no lo manejan así.

Anexo C

Guía médica*

NEONATAL (del nacimiento – un mes)
- Discutir el diagnóstico y los planes de tratamiento, así como la información general y actualizada sobre el síndrome de Down.
- Cariotipo.
- Interconsulta con genetista.
- Descartar posibles malformaciones congénitas.
- Perfil tiroideo; incluir TSH y T4.
- Evaluación realizada por un cardiólogo pediatra, incluyendo ecocardiograma Doppler a color.
- Examen de audición (tamiz auditivo).
- Biometría hemática con diferencial y cuantificación de plaquetas.
- Evaluación realizada por un oftalmólogo, para descartar la presencia de catarata congénita.
- Valoración de función digestiva, reflujo gastroesofágico; observar signos de obstrucción del tracto gastrointestinal (atresia duodenal o enfermedad de Hirschsprung).
- Dar especial importancia a la ingesta calórica diaria.
- Discutir la importancia de atención temprana (estimulación temprana).
- Seguir el plan de cartilla de vacunación vigente.
- Peso, talla, perímetro cefálico, de acuerdo con las tablas específicas para síndrome de Down.

---

*Basada en *Health Care Guidelines for Individuals with Down Syndrome: 1999 Revision* (Down Syndrome Preventive Medical Checklist), publicado en *Down Syndrome Quarterly.*

LACTANTE (1 – 12 meses)

Exploración general del niño sano, prestando una especial atención a los siguientes puntos:

- Exploración neurológica.
- Perfil tiroideo a los 6 meses.
- Revisar historia de infecciones, especialmente en vías respiratorias altas, y otitis media.
- En caso de presentar constipación (estreñimiento), buscar el balance adecuado con una dieta alta en fibra.
- Evaluación realizada por un cardiólogo pediatra (si no se hizo al nacimiento) y considerar hipertensión pulmonar y defectos de la pared atrioventricular.
- Cartilla de vacunación completa.
- Potenciales auditivos evocados a los 6 meses.
- Consulta con un otorrinolaringólogo para revisión de la membrana timpánica, a fin de descartar otitis media.
- Consulta con un oftalmólogo, a los 6 meses de edad (y posteriormente cada año).
- Dar especial importancia a la ingesta calórica diaria.
- Es el momento ideal para involucrarse en los programas de desarrollo y aprendizaje.
- Discutir con su médico la importancia de la estimulación temprana.
- Consulta con el dentista para revisar el paladar y la dentición.
- Peso, talla y perímetro cefálico de acuerdo con las tablas específicas para síndrome de Down.

NIÑEZ (1 – 12 años)

Exploración general del niño sano, prestando una especial atención a los siguientes puntos:

- Perfil tiroideo anual.
- Revisar historia de infecciones, especialmente en vías respiratorias.
- Visita a otorrinolaringólogo; visualización de membrana timpánica (para descartar otitis media).
- Audiometría y timpanograma cada 6 meses hasta los 3 años, y después anualmente.
- Evaluación por cardiólogo pediatra; considerar hipertensión pulmonar y defectos de la pared atrioventricular. Discutir profilaxis de endocarditis bacteriana en caso necesario.
- Cartilla de vacunación completa.
- Visita al oftalmólogo anualmente.
- Radiografía lateral de región cervical (vista neutral, lateral, en extensión y flexión) para descartar inestabilidad atlantoaxial. Se hace entre los 3 y los 5 años, o tan frecuentemente como sea necesario. Y se repite a los 12 años.
- Descartar enfermedad celíaca entre los 2 y 3 años. Anticuerpos IgA antiendomisio y antitransglutaminasas.
- En caso de presentar constipación, buscar el balance adecuado con una dieta alta en fibra.
- Dar especial importancia a la ingesta calórica diaria.
- Evaluación de los trastornos del sueño (apnea transitoria del sueño).
- Examen dental, cada 6 meses.
- Seguir plan de cartilla de vacunación vigente.
- Peso, talla y perímetro cefálico de acuerdo con las tablas específicas para síndrome de Down.
- Valoración del desarrollo psicomotor.
- Evaluación de conducta adaptativa.
- Iniciar terapia de lenguaje si es necesario, y programas escolares dirigidos hacia la autonomía.

ADOLESCENCIA (12 – 18 años)

- Perfil tiroideo anual.
- Audiometría y timpanograma anual.
- Monitorear apnea obstructiva del sueño.
- Examen general físico y neurológico, para descartar inestabilidad atlantoaxial.
- Consulta anual con un oftalmólogo, para buscar específicamente keratocono.
- Monitorear obesidad por medio de las tablas de peso y talla correspondientes.
- Evaluación cardiológica por medio de un ecocardiograma Doppler a color, para descartar patología valvular.
- Consulta con un ginecólogo a la primera menstruación o al cumplir 16 años.
- Asesoramiento sobre salud y desarrollo sexual, así como educación en la prevención de abuso sexual.
- Vigilar dieta alta en fibra, baja en calorías, y ejercicio regular.
- Programas educativos sobre tabaquismo, drogadicción y alcoholismo.
- Continuar con examen dental cada 6 meses.
- Continuar terapia de lenguaje si es necesario, y programas encaminados hacia la autonomía.

ADULTO (más de 18 años)

- Perfil tiroideo anual.
- Audiometría y timpanograma cada 2 años. Descartar pérdida auditiva.
- Monitorear apnea obstructiva del sueño.
- Examen general físico y neurológico. Descartar inestabilidad atlantoaxial.
- Consultar a un oftalmólogo cada 2 años para buscar específicamente keratocono y/o cataratas.
- Evaluación cardiológica por medio de un ecocardiograma. Doppler a color, para descartar patología valvular. Monitorear presión arterial.
- Mamografía a partir de los 35-40 años, cada dos años, hasta los 50, y posteriormente cada año.
- Asesoramiento sobre salud y desarrollo sexual, así como educación en la prevención de abuso sexual.
- Vigilar dieta alta en fibra, baja en calorías, y ejercicio regular.
- Después de los 50 años, realizar estudios para descartar sangre oculta en heces.
- Programas educativos sobre tabaquismo, drogadicción y alcoholismo.
- Continuar con examen dental cada 6 meses.
- Evaluación clínica de habilidades funcionales (considerar envejecimiento prematuro). Monitorear pérdida de autonomía.
- Monitorear comportamiento emocional y mental. (Referir a especialista en caso necesario.)
- Planes de vida laboral.
- Planes de asesoría económica.

Anexo D

Guía de crecimiento

Edad	Características Psicomotoras	Características Socioemocionales
0 a 1 año	• Se pasa los objetos de una mano a otra. • Saca y mete objetos en un envase de boca ancha. • Colabora para alcanzar la posición sentada. • Gateo activo y se para con apoyo.	• Observa todo y a todos a su alrededor. • Inicia la relación de apego con los padres. • Se enoja si no puede agarrar algo.
1 a 2 años	• Agarra el lápiz en forma de empuñadura. • Intenta construir una torre. • Empuja y arrastra un juguete. • Camina de forma independiente.	• Demanda la atención de los adultos. • Muestra afecto a un objeto (muñeco de trapo). • Expresa amor por sus padres y conocidos.
2 a 3 años	• Imita trazos circulares y verticales. • Construye torres de 6 a 7 cubos. • Sube y baja escaleras con más seguridad. • Transporta juguetes de gran tamaño.	• Juega a imitar escenas conocidas. • Manifiesta desagrado cuando algo no le gusta. • Saluda espontáneamente a personas conocidas.
3 a 4 años	• Ensarta cuentas grandes. • Moldea diversos materiales con las manos. • Salta en un mismo sitio con ambos pies. • Camina hacia atrás.	• Reconoce cuando a alguien le pasa algo malo. • Juega e interactúa con otros niños. • Muestra emociones con el rostro.
4 a 5 años	• Trazos más definidos al dibujar. • Rasga una figura curva. • Sube y baja escaleras alternando los pies. • Mayor equilibrio corporal en los movimientos.	• Se identifica con una lámina de su sexo. • Expresa rabia con expresiones verbales. • Escoge a sus amigos y disfruta estar con ellos.
5 a 6 años	• Envuelve un regalo. • Recorta una línea recta y en zig-zag. • Tira y recibe la pelota con ambas manos. • Enlaza, abotona, sube y baja cierres.	• Inventa juegos dramáticos. • Dice "por favor" y "gracias" espontáneamente. • Le gusta conversar mientras come.

Características Cognitivas	Características del Lenguaje
• Sigue los objetos con la mirada. • Trata de alcanzar y tocar un objeto suspendido frente a él. • Aprende que llorando puede conseguir algunas cosas.	• La primera actividad vocal es llorar. • Balbuceo constante. • Reacciona al escuchar las voces de los familiares o personas más cercanas.
• Puede sacar objetos de un recipiente. • Busca y utiliza un objeto que le ayude a alcanzar otro. • Es capaz de señalar el objeto que se le nombra.	• Dice algunas palabras cortas formadas por sonidos simples. • Aparecen las palabras monosílabas reduplicadas (mamá, papá, tata, tete, pipi, popo, lele, etcétera). • Utiliza el lenguaje para reclamar algo que satisfaga alguna necesidad.
• Coloca objetos adentro, afuera, arriba, abajo, cuando se le pide. • Asocia colores, estableciendo pares de objetos con idéntico color. • Puede contar hasta tres y cuatro objetos.	• El lenguaje se emplea para explorar el entorno y crear un mundo de fantasía. • Emplea adverbios de lugar y cantidad. • Nombra cosas familiares como gente importante, animales y partes del cuerpo.
• Hace pares con objetos iguales. • Reconoce los números hasta el 10. • Puede contar mecánicamente hasta el 15.	• Emplea los artículos "el" y "la". • Utiliza el "no" con mucha frecuencia. • Articula y pronuncia de acuerdo con la edad.
• Respeta el contorno de la figura al colorear. • Reconoce su nombre. • Describe y respeta sucesos sencillos.	• Sus oraciones tienen de 4 a 5 palabras. • Maneja preposiciones como: encima, debajo, en, sobre, detrás, etcétera. • Utiliza más verbos que sustantivos.
• Cuenta un mínimo de 20 objetos. • Recuerda lo realizado el día anterior. • El indicio sensorial permite completar su representación mental del objeto.	• Sus oraciones tienen de 6 a 8 palabras. • Utiliza más conjunciones, preposiciones y artículos. • Puede definir palabras sencillas y reconoce algunos antónimos.

Anexo E

Asociaciones

CEPI
 Escuela para gente especial
 Eduardo Díaz
 Mimosa No. 33
 Colonia Olivar de los Padres
 México, D. F.
 Tel.: 5585-0784

COMUNIDAD DOWN, A. C.
 Señora Ana María Olivera Martínez
 Directora General
 Calzada de las Águilas No. 1681
 Lomas de Chapultepec
 C. P. 10720, México, D. F.
 Tel.: 5635-2462
 Fax: 5635-2587, ext. 103
 www.comunidaddown.com.mx
 E-mail: comunidad_down@yahoo.com

DAUNIS. Gente Excepcional, A. C.
 Lic. María Fernanda Peniche Olivera
 Directora General
 San Luis Potosí No. 50-A
 Colonia Roma Sur
 C. P. 06700, México, D. F.
 Tels.: 8596-1100 / 5574-1122
 E-mail: fernandapeniche@daunis.org.mx

FUNDACIÓN JOHN LANGDON DOWN, A. C.
 Maestra Sylvia García-Escamilla

Presidenta Fundadora
Selva No. 4
Insurgentes Cuicuilco
C. P. 04530, México, D. F.
Tel.: 5666-8580
Fax: 5606-3809
www.fjldown.org.mx
E-mail: sylviagescamilla@fjldown.org.mx

INSTITUCIÓN CONFE
(Confederación Mexicana de Organizaciones a Favor
de la Persona con Discapacidad Intelectual, A. C.)
Señor Javier Quijano Orvañanos
Presidente
Carretera México-Toluca No. 5218
Colonia El Yaqui, Cuajimalpa
C. P. 05320, México, D. F.
www.confe.org.mx
E-mail: jquijano@confe.org.mx

KADIMA, A. C.
Sra. Lily Argolis
Bosques de Minas No. 57
Colonia Bosques de la Herradura
Huixquilucan, Estado de México
Tels.: 5295-1235 / 5295-2380
E-mail: kadima@kadima.org.mx

Directorio*

ALEJANDRA VELASCO DE MARTELL
Especialista en la comunicación padres e hijos
Tel.: 01-55-5485-4352
E-mail: martell@conecta.com.mx

CAI (Centro de Atención Integral)
Señora Patricia Villaseñor Burgos
Pedagoga
Directora General
Camino a Santa Teresa No. 514
Jardines del Pedregal
C.P. 01900, México, D. F.
Tel.: 5568-1316
E-mail: cai_sc@hotmail.com

CAMBIANDO VIDAS
E-mail: informes@cambiandovidas.org.mx
Sitio de internet: www.cambiandovidas.org.mx

CENTRO DE EQUINOTERAPIA
Tepepan-Pedregal-Constituyentes
Oficina: 5635-8418

CENTRO DE FONIATRÍA Y AUDIOLOGÍA
Patología de voz, canto, lenguaje y audición
Doctora Rosa Eugenia Chávez de Bartelt
Directora General
Minerva No. 104, 5° y 6° pisos
Colonia Florida
C. P. 01030, México, D. F.
Tels.: 5663-2073 / 5663-0199

*Comparto contigo mi directorio, ya que algún dato te puede resultar de utilidad.

www.centrodefoniatria.com
E-mail: eugeniachavez@hotmail.com

CLÍNICA BECERRA
Especialidades dentales
Clínica del bebé, Odontopediatría, Ortodoncia Bioestética
Doctor Leopoldo A. Becerra P.
Médica Sur: Puente de Piedra No. 150, torre 1,
   consultorio 601
Colonia Toriello Guerra
C. P. 14050, México, D. F.
Tels.: 5606-3973 / 5606-4793 / 5606-4410
E-mail: clinicabecerra@prodigy.net.mx

CLÍNICA LULI
Neurodesarrollo y Psicomotricidad
T.N.D. Matena Valverde Díaz
Directora General
Colonia Roma, tel.: 5207-4919
Colonia Las Lomas Quebrada, tel.: 2457-7171
Satélite, tel.: 5393-9888
E-mail: lulitena@prodigy.net.mx

DESARROLLO Y ESTIMULACIÓN INTEGRAL (DEI)
Ana Serrano
Directora
Tels.: 5659-5580 y 5659-7115

DITALI (Neurolingüística y Psicopedagogía)
Lic. Ana Laura Enríquez Yever
Directora General
Av. San Jerónimo No. 698
San Jerónimo
C. P. 10000, México, D. F.
Tel.: 5595-1498
E-mail: anabar73@hotmail.com

DOCTOR AGUSTÍN ISUNZA RAMÍREZ
Ortopedista pediatra
Torre Ángeles, consultorio 922
Tels.: 5135-0686 / 5135-1891

DOCTOR ENRICO CONTI
Pediatría y gastroenterología
Hospital Ángeles del Pedregal
Consultorio 945
Tels.: 5568-2268 y 5652-1188, exts. 4945 al 48.

DOCTOR JOHN F. UNRUH
Neurólogo
Con la señora Ana Archuleta
Laredo, Texas
Tel.: (956) 717-8661
www.thecnr.com

DOCTOR JOSÉ RUANO AGUILAR
Cirugía pediátrica y oncológica
Hospital Ángeles del Pedregal, consultorio 945
Tels.: 5568-2230 / 5568-6907

DOCTOR JULIO ERDMENGER ORELLANA
Cardiología pediátrica
Cardiología fetal
Hospital Ángeles del Pedregal
Tels.: 5652-1745 / 5652-9621
Fax: 5568-5546

DOCTOR MIGUEL PACIUC BEJA
Cirujano oftalmólogo
Paseo de las Palmas 735-1102
Lomas de Chapultepec
C. P. 11000, México, D. F.
Tels.: 5520-1596 / 5202-8804
Fax: 5520-5478

DOCTORA TANIA BROID
Optometrista
Terapia visual
Tels.: 5281-5093 / 5281-4819
E-mail: tvisual@prodigy.net.mx

LIC. ELIZABETH LÓPEZ MIRANDA
Terapeuta en Comunicación Humana
Tel.: 5585-0494
Celular: 044-55-2397-7947

GRUPO C. T. SCANNER (Estudio del cuello)
Doctor José Luis Criales Cortés
Director Médico
Rafael Checa No. 3
Colonia San Ángel
C. P. 01000, México, D. F.
Tels.: 5481-1980 al 89
E-mail: jcriales@terra.com.mx

INSTITUTOS PARA EL LOGRO DEL POTENCIAL
HUMANO, OFICINA HISPANOAMÉRICA, A. C.
Elisa Guerra Cruz
Paseo de la Soledad No. 302
C. P. 20118, Aguascalientes, Ags., México
Tel.: (449) 996 - 0945
Fax: (449) 996 - 0944
E-mail: latinoamerica@iahp.org

LUCY AZUELA
Psicóloga Educativa
Especialista en síndrome de Down
Tel.: 5655-3864
Celular: 044-55-2755-2850

MAGDALENA ORNELAS AGUILAR
Fisioterapeuta
Terapia integrativa
Tel.: 5604-2657
Celular: 044-55-3222-6624

MÓNICA ARANDA
Terapeuta (miofuncional)
Licenciada en terapias orofaciales
y oromotoras
Especialista en lenguaje
Tel.: 5589-3836

NATIONAL DOWN SYNDROME SOCIETY
666 Broadway, Nueva York, NY, 10012
Tels.: (212) 460-9330, o (800) 221-4602
E-mail: info@ndss.org
Sitio de internet: www.ndss.org

NUTRICIÓN INTEGRAL
Lic. Belén Rodríguez Abascal
Nutrióloga certificada
Melchor Ocampo No. 349
Colonia Romero de Terreros
C. P. 04310, México, D. F.
Tel.: 5658-6360

NUTRICIÓN Y ALIMENTACIÓN EN PREESCOLARES Y ESCOLARES
María Eugenia Chapa Azuela
Nutrióloga certificada
Tel.: 5595-9762
Celular: 044-55-5453-7374
E-mail: maruchapazuela@yahoo.com.mx

RIENDA. EQUINOTERAPIA

Srita. Natalia Bezanilla
Las Flores No. 100
Colonia Fuentes de Tepepan, Tlalpan
C. P. 14646, México, D. F.
Tel.: 5641-9710
Celular: 044-55-3988-5102
E-mail: nbezanilla@hotmail.com

SISTEMA TOMATIS

Av. San Francisco No. 1858
Colonia Del Valle
Tel.: 5524-5226

TALLER DE EXPRESIÓN Y DESARROLLO INTEGRAL, A. C.

Cinco de Mayo No. 1419
Colonia Palo Blanco
San Pedro Garza García, N. L.
Tels.: (81) 8336-4010 / 8401-6690 / 8401-6691
E-mail: tedi@axtel.net
Sitio de internet: www.tedi.org.mx

TERAPIA ASISTIDA CON DELFINES

Atlantis. Convimar, S. A. de C. V.
Tercera Sección de Chapultepec s/n
Colonia Lomas Altas
C.P. 11960, México, D.F.
Tels.: 5277-7583 / 5271-8618 / 5277-1682
www.parqueatlantis.com.mx
E-mail: terapiaatlantis@hotmail.com

LIC. TERESA NIETO MEZA

Terapeuta en Comunicación Humana
Tel.: 5532-4481
Celular: 044-55-2531-2034

Referencias bibliográficas

Alimentación inteligente, Leticia Flores Viladroza, Producciones Educación Aplicada, S. de R. L. de C. V.

Ayudando a crecer, Ana Serrano, volumen 1, 0 a 3 años, Producciones Educación Aplicada, S. de R. L. de C. V.

Cómo enseñar a leer a su bebé, Glenn Doman, Editorial Diana, México, 1991.

Cómo hablar para que los niños escuchen, y cómo escuchar para que los niños hablen, Adele Faber y Elaine Mazlish, Editorial Diana, México.

Cómo multiplicar la inteligencia de su bebé, Glenn Doman y Janet Doman, Editorial EDAF, Madrid.

Danza educativa para personas con síndrome de Down, Maro Wejebe / Mireya Ayala / Mercedes Montes, Programa Nacional de Educación Artística, CONACULTA / INBA / CENART, México.

Disciplina inteligente, Vidal Schmill, Producciones Educación Aplicada, S. de R. L. de C. V.

Educación emocional, Norma Alonso, Producciones Educación Aplicada, S. de R. L. de C. V.

El lenguaje del cariño, Alejandra Velasco, Picolo Editorial, México.

El lenguaje secreto de los niños, Dr. Lawrence E. Shapiro, Ediciones Urano, Barcelona.

El poder de la inteligencia emocional, Centro Intelectual de Desarrollo Familiar, México.

Guía para la salud emocional del niño, Rafael Nicolás / Nuria Fillat / Irene Oromí, Ediciones Medici, Barcelona.

Guía práctica de la técnica metamórfica, María del Carmen Boira, Ediciones Índigo, Barcelona.

How to Teach Your Baby to Be Physically Superb (Cómo enseñar a su bebé a ser físicamente excelente), Glenn Doman / Douglas Doman / Bruce Hagy, The Gentle Revolution Press™.

Por favor, ¡no me griten!, Alejandra Velasco, Picolo Editorial, México.

Qué hacer por su hijo con lesión cerebral, Glenn Doman, Editorial Diana, México, 1993.